慣性討好

不再無底限迎合，
找回關係自主權的18 堂課

自我療癒心理專家 **蘇絢慧** 著

suncolor
三采文化

自我檢測

我有討好傾向嗎？

在進行自我檢視前，請先放輕鬆，可以給自己幾次深呼吸再開始作答。作答時請以最直覺及貼近自己在生活中多數的呈現或反應來作答。

在人際關係的設想中，你可依據「**廣泛性的人際關係**」和「**重要且在乎的對象**」分別做檢測，便能夠藉此了解自己在廣泛人際關係以及重要關係中的討好差異程度。

線上測驗

以0～5分做程度的計算：

- 0分：從不
- 1分：很少
- 2分：偶爾
- 3分：經常
- 4分：總是
- 5分：絕對是

測驗開始

1（ ）你無法拒絕內心不想要接受的事（例如他人的邀約或是要求）。
2（ ）當別人有求於你時，你會立刻把自己當下的事放在其次。
3（ ）你會花心思對別人好，卻對自己的渴望和需要毫不在乎。
4（ ）你會在別人提出任何意見或評價時，不自覺地想符合對方標準喜好。
5（ ）你對別人遭遇困難或問題，總是第一時間冒出如何為對方解決的念頭。
6（ ）你很喜歡看見別人因為你的付出、給予而開心快樂的神情。
7（ ）你希望在你身邊的重要他人都能因你而過得很好。
8（ ）你害怕衝突、不和諧，為了這個目的你寧可自己多犧牲一點。
9（ ）當別人看起來難過或生氣時，你會立刻選擇讓步或妥協。
10（ ）對於無法完成別人的期待，你會產生內疚感或自責的反應。
11（ ）若需要提出自己的想法和需求，你總是特別緊張，不知道如何開口。
12（ ）每當要做選擇時，你會先參考別人，而不是先說出自己的選擇。

13（　）對於別人的要求或請求，你下意識的都會點頭同意。
14（　）你很害怕被別人評價，特別是負評，為此你總想做到讓別人滿意。
15（　）你認為只要有人給你差勁的態度或表情冷漠，都是因為你不討人喜歡。
16（　）只要你覺得身邊的人比你優秀，就會立刻出現自卑或羞愧的感覺。
17（　）對別人的訊息總會秒回，深怕別人覺得被怠慢而不高興，或擔心對方心裡受傷。
18（　）回別人訊息或信件時，總是寫了又刪、刪了又寫，害怕遣詞用字不妥。
19（　）當你不認同對方論點時，往往不會說出口，讓對方以為你沒有反對。
20（　）你會隱藏自己，不讓人了解你真正的想法或感受，你會認為別人是無法接受的。

總計＿＿分

討好傾向測驗結果

前面測驗所得的總分，對照左表即可得知你的討好程度，**分數越高，代表你越容易討好別人**；分數越少，代表你越重視自我，可再從後頁的解析中更加了解自己。

過於討好 ⟷ 迴避關係

總分	討好指數	解析
0～20分	★	抗拒及迴避關係，對於處在關係裡感到極度不自在。
21～40分	★★	寧願多愛自己，對於沒有意義的關係，不會花心思維持。
41～60分	★★★	講求關係平等尊重，既重視自我發展，也重視關係協調。
61～80分	★★★★	在乎關係更勝自己，情感起伏常依隨在重要他人的狀態上。
81～100分	★★★★★	在關係中常失去自我，透過別人的反應，才能看見自己的存在。

0～20分 抗拒及迴避關係

你極力想避免和別人產生關係，下意識覺得不要去在乎任何人才能保有自主和自由，對於處於關係中感到極度不自在，害怕被消融自我的感覺，可能來自過去有嚴重的關係傷害，或是過早就失去重要關係，習慣只和自己相處，一個人的狀態才會覺得能夠真正的安心和放心。這樣的你，會在生活中一直抗拒和他人產生關係，甚至對於人有些反感，覺得和人接觸和相處，都是會造成不好的後果。

21～40分 寧願多愛自己

通常在關係中，你會多重視自己一些。雖然偶爾也會受他人的反應影響，那對你而言，清楚自己的目標和動機更為重要。若真的有讓別人不悅和不舒服，你會傾向忽略或是排除那些訊息，覺得那些訊息只是干擾，除非你認為那些訊息是可以幫助自己達成目標，有助益自己的成功及獲益。你傾向自己抉擇想要靠近哪些人、接受哪些人的觀點，因為掌握自主權，所以讓你覺得沒有意義或是助益的關係，也不會花心思去理會及維持。

41～60分 講求關係平等尊重

你頗重視在自我與關係之間要平衡。知道人活在這世上，不會只有自己好就好，你仍會關注身旁的人際關係，感受及觀察別人在關係中的需求。對你而言，達成互惠或雙贏是一個重要的人際目標，因此你能從自我的成就實現，達成對他人及社會的貢獻。你重視自我的發展，也重視關係的協調，對你而言，越是能彈性而自在的調整人際關係的互動和距離，對人際關係的滿意度就越高。

61～80分 在乎關係更勝自己

你很難不在乎關係的存在，時常將關係中的他人視為比你自己還重要一些。

可能來自你很難堅定相信或肯定自己，如果關係中的他人可以給予你支持和肯定，絕對比你自己給自己要讓你覺得實在和滿足。正因如此，關係很容易影響你的情緒，你的歡喜與憂傷，時常依隨關係對方的狀態起伏不定，讓你有些辛苦，也在關係中患得患失，深怕自己在關係中被忽略、被否定，甚至有些害怕被遺棄的感覺。你需要在關係中，更多地肯定自己，也認同和相信自己的價值，以降低在關係中偶爾失衡的挫折感和沮喪感。即使你重視關係，也需要學習更多的愛惜自己和尊重自己。

81～100分 在關係中常失去自我

若是身邊沒有人可以互動，你會感到非常孤單、寂寞和不安。你很難充實地感受到自己的存在，對於人們談及「愛自己」更是覺得疑惑，不懂自己要如何能夠愛自己，愛不就是要從別人那裡感受到的嗎？愛不就是要從別人那裡感受到自己是被喜歡和被接受的嗎？對你而言，關於「自我」是模糊的，若沒有其他人的看法和意見，沒有他們給你建議和指引，你根本不知道自己想要的選擇是什麼，也很難真正的領會自己的喜歡或不喜歡，好像總是別人喜歡了，你也會喜歡；別人快樂了，你也才覺得快樂。因為太常漠視自己、模糊自己，只有透過別人，你才有些感受到自己的存在。因此關係中的他人非常容易影響你，以他們的言行和情緒就能輕易地操控你、支配你的生活和心情。對現在的你來說，或許要正視自己的存在，從願意看見和認識自己開始，才能漸漸擺脫這樣的空虛和孤單感。

作者序

脫下討好的假面，勇敢做真實的自己

討好的人有許多反應的呈現，像是：

1. 不停地順應別人，努力滿足別人。
2. 卑躬屈膝的討好，覺得自己永遠不夠好。
3. 想要討別人喜歡，非常害怕被別人討厭和拒絕。
4. 不敢展現自己，覺得被別人看見真實的自己，會受人嘲笑和羞辱攻擊。

5. 很害怕關係的衝突和斷裂，深怕被別人遺棄和遺忘。

努力討好別人的人，太害怕自己是不好的，不自覺把自己矮化，認定別人都是強大的存在，自己是渺小脆弱的人。

即使，習慣討好別人的個體，有很強的能力也有很多天賦，卻仍傾向看低自己，總是把別人的需求當成自己的責任，不自覺就以服務別人、讓別人滿足當做最重要的事。日常中，再怎麼盡心盡力，也還是懷疑自己沒價值、地位卑微、不受人喜愛，內心時常恐懼，覺得自己隨時都會被排擠、遺忘。

這種內心深處的**存在焦慮**（怕被傷害、怕被遺棄、怕被討厭、怕被忽視），讓人誤以為若要確保安全無虞，就是要竭盡所能地討別人歡心、讓別人喜歡和滿意，自動化地落入「有求必應」、「事事說好」、「要做到讓人沒話講」的關係陷阱裡，失去了自我的界限，也習慣疏忽自己，無窮無盡給出自己。

一個稍微有自我的人，保有自己的感受、情感和想法的人，是無法處處壓抑自己，強迫自己要不顧一切地付出，畢竟人都是血肉之軀，都有自己的需求和限制，也有能量疲乏的時候，但慣性以用力拚命姿態付出的人，是體察不到自己的，只要「感應」、「嗅到」到別人的需要及意圖，就會奮不顧身地衝向別人，幫別人解決問題，把別人的需求視為己任，在那一刻的反應中，是無法停下來做充分的思考、辨識、資源盤點的，當然也往往不是在自己有意識下所做的選擇。

如果，要深入這種討好成性的人內在深層的結構，就會發現他們的自我認同和自我尊重度，都是在危險邊緣，屬於無法給予自己認同、肯定和尊重的人。

這來自長期累積和塑造下的呈現，討好要形成性格，需要從小到大不斷地被制約、被要求，在平常生活的人際關係中，習慣以這樣辛苦的生存姿態活著，漸漸地這樣的性格也就成了這個人的一部分。

在人際關係中，人與人的交往和互動，會有偶爾的討好，像是想討喜歡的人開心和歡心，或想要建立第一印象的好感時，我們都可能會做些討好行為。但只要出於我們自我的動機和選擇，這時的討好，可能最開心的是自己，因為自己正在做自己想做也樂於做的事。又因為不是占很大的生活比例，我們的討好付出狀態，還是會找到方式調節，回到自我關照上，不至於完全淪陷於討好人的情況。

然而，我們的家庭和社會文化，可能沒有給我們足夠充分的自我覺察和自我選擇的權利，還可能剝奪真實自我的發展，要求孩子從小開始，就要為他人而活、為環境的需要承擔，在一個人尚未真正地認識他自己、體驗他自己的成長之前，就開始被塑造及期待，應該成為他人生命的供應者和照顧者，必須為他人的歡喜和快樂負責。

於是，為了要在那樣的環境下生存，我們被剝奪自我發展的空間和權益，被迫必須依隨著環境中大人的臉色和標準過日子，沒有說「不」的權利，也不能有自我主張和任何的呈現。這時的討好，既卑微又辛酸，是要在極度壓抑自我的情況下，把靈魂扼殺，才能以討好的表面，討取一點可以存活的縫隙。

我們都知道有一種人際現象是：「兩面不討好」，這句話正說明了想要兩面都討好的人，常常適得其反，越是想處處討好、面面俱到的人，往往會落入兩邊不是人，兩邊都產生埋怨或排斥的處境。那麼，我們也可以從這種人際現象中看出，以討好來維繫關係的人，其內心是想要事事求和、害怕興戰，更害怕得罪人的後果。

在互動中，容易表現出「沒原則」和「沒立場」，事事說好。對他來說，唯一重要的只要能活著、存在著就好，不要讓任何一個人、一段關係對他產生攻擊和敵意，或表現出不滿意的埋怨。

所以說，討好的人，根本的議題是：**存在議題**。也就是對自己的存在，感到不安而焦慮，不論是覺得自己弱小弱勢，或是自己很想成為別人口中、眼中認可的人，亦或是感受到自己的生命卑微到可有可無，都牽涉到討好性格的人，對於自己的存在是無法認同的，時常懷疑自己生命的重要感和價值感。這種覺得自己夾縫中求生存的人，可能都會以討好作為換取人際關係和生活資源的互動方式。

之所以寫下這一本書，是我試著要和「常覺得吃力不討好」的人對話的書。我認為，慣性討好活著是很辛苦也很卑微的生命經驗，像是一個人總無法挺直腰站著或行走，眼神總是要看著地上，唯恐注視別人的眼睛會造成對方的不悅及怒視。那種好怕自己得罪人、好怕被人不喜歡、好怕自己被排擠和拒絕的反應裡是滿滿的懼怕，其深層的焦慮，是來自早年生長環境裡，人際關係情感上諸多的失落和創傷。

一本書，雖然無法達成完全療傷痊癒的期待，但透過書本的閱讀和內在的對話，我仍希望能陪伴活在「強迫討好」中受苦很久的人，用一點時間、一點空間為自己停留，重新回看自己的存在，以及關注你心中真正渴望的關係，我相信那是可以彼此尊重，可以看見你和認同你存在的一份善待的關係。

你要相信，若你能對別人好、對別人友善、照顧好別人，總是盡心盡力地想要關係中的對方感受到快樂和幸福，那麼，你也值得這樣被善待，也值得這樣被關懷和照顧。

你過去可能誤以為只要別人感受到、接收到你所有的付出就好，你從不顧慮和掛念自己的需求，那麼在關係裡的那些人，就沒有理由嫌棄你、指責你及否定你，你就可以稍微安心的在關係裡存在。

但經過那麼長的歲月，一路撐過來的你，什麼都要求自己給予和付出的你，從來不了解如何關心自己，在這樣的關係裡，你真正經驗和體會到的又是什麼呢？我相信，只要你對自己還願意關懷和連結，也願意坦承和誠實，你會知道生命內在的感受究竟是什麼，也會知道自己的日子是否真心滿足和快樂？

如果，這是你已經覺察到的感受和體會，也聽見自己渴求內在療癒和轉變的呼喚，那我希望這一本書有緣和你相遇，成為你這一段修復自我、整合自我、重新連結健康關係的嚮導，陪伴你往內關照、探索、發現，和你一起看見和聽見真實的自己。

在這一生，我們都不需要因為自己的存在而感到抱歉，任何生命的存在，皆非從虧欠開始。

※特別說明：

本書所舉例的故事皆為綜合各生命故事類型的編寫，並非指向任何一個特定人物，主要是為了讓閱讀者透過故事的敘述，藉此了解每個篇章所欲傳達的意涵和概念。

目錄

Chapter 2

觸摸討好原傷，走出心理迷宮

Chapter 3
重建正向關係，創造彼此平等的心理地位

Chapter 1

扭曲的善良

你或許不敢承認，然而你的每個舉動，
有時候並不是發自內心為了對方好，
只是為了讓你在人際關係中尚有一席之地能喘息。

家庭愛不足，缺乏健全關係認知的討好者

你失去了個體界限，也寄生於他人的情緒裡，載浮載沉，你不是被他人的情緒海嘯淹沒，就是成為他拉扯不願鬆手的浮木，卻怎麼也帶不了他上岸，終止沉溺。

你可曾想過那些曾經以為的善良與體貼，究竟是你樂意如此？還是以為不這麼做，自己就不是一個可愛、足以讓人覺得喜歡的人？

回想一下，當你做某些事情，是不是一直想到別人會不會喜歡？會不會滿意？怎麼做才能讓別人感到喜歡和高興？

像是旅行出遊，你會不會忙著幫不同的人張羅他們的需要、挑選適合的禮品；總把自己擺在最後，根本不在乎自己有沒有選到喜歡的東西。

或是逢年過節及特殊日子，你是不是總是很早就開始籌劃，滿心想的都是如何規劃和進行，可以讓那心中那一位重要人物感到滿意和開心？

甚至，你很少為自己精心安排假期和旅遊，也很少主動去享受，但卻總是忙著為某個人、整個家庭，或所掛念的人忙進忙出，張羅安排一切，只希望他們享受和喜歡你所準備、付出的。

不只如此，心中不知道為什麼總是有很多聲音告訴你：「不要喊苦、不要喊累」、「眼淚往肚子裡吞，這沒什麼」、「你要體貼別人，做一個讓人喜歡的人」、「只要看到別人開心，我就會開心」，所以你習慣了委屈，很習慣不要在乎自己的感覺，一切都以「理所當然」來看待，一直告訴自己：「能者就是要多勞」、「吃虧就是占便宜」，不然就是一直勸勉自己：「別人可以做的，我一定也可以做到」。

我們的社會向來都鼓吹許多「沒有限度」的事情：「好要更好」、「吃得苦中苦」、「吃虧就是占便宜」，以此來要求和勸勉孩子、學生、他人，特別是正在承受痛苦磨難經歷的人。對待別人也是一樣，彷彿要無盡付出、無盡奉獻，一直為別人辛苦為別人忙，才是別人口中的「好人」、「善良的人」、「有愛的人」。好像只想著「量力而為」是可恥、不努力的，只要考慮到自己，就是自私的人。

這種像精神訓誡的強迫語言，一道道刻在害怕自己不夠好的人心中，烙印成耳提面命的壓迫，深怕自己喊苦、說不、拒絕承受，就是一個極度失敗、羞恥，和讓人厭惡的人。

你可曾想過，為什麼一定要如此的無私？為什麼你必須如此犧牲和奉獻，才是人們心中的完美及神聖？

為什麼必須確保自己是善良和美好的人，才可以心安理得？這些強迫式念頭和自我要求，究竟是如何產生？又如何影響你的人際關係互動的？

無法擁有健全的愛和家庭，不是你的錯

很多人並不知情，從一出生開始，即已成為父母或家族長輩口中的虧欠者、次等品。這些原因可能來自於：

◆你沒有他們要的性別。
◆你沒有他們要的容貌。
◆你沒有他們要的條件。
◆你出生在他們生活能力及生命承擔力不足的時候。
◆你的出生承載了他們對人生的失望和怨恨。

你的到來並不是父母做好準備的，也不是他們具有愛的能力的時候。即使，他們可能出於責任或是生涯發展的必須，而打算生下你，但這並不意謂著，父母能接納你原原本本的樣子，包括性別或是與生俱來的樣貌面容。

最殘酷的一部分事實是，你來到這世界上的時刻，並不一定是雙親最相愛彼此的時期，也不是他們個體最能夠負擔生命責任的時刻。

不論基於什麼原因，你的出生都帶有某種虧欠，彷彿是你的出生讓他們艱困的生活雪上加霜；彷彿是你的存在，讓他們原本就難以承擔的人生更加地沉重。

這當然不會是事實，事實上你對於自己的出生無能為力，你並無法決定你的出生，也無法決定雙親要在什麼樣的生活情境下誕生你。

然而，最大的荒謬是，你的環境不斷把「這一切都是你造成的」訊息傳遞給你，讓你成為家庭最大的虧欠者，也成為雙親或單親索討的最大債務人。所以，他們不斷地告訴你，為了你的存在他們受到多大的犧牲，也給予多大的付出，你必須謹記在心，必須償還，必須報答這一份恩情，在你成長的過程必須以最大的聽從和順應來回報，不要再讓他們麻煩、惹他們傷心，否則就是忘恩負義，不折不扣的壞小孩、廢物，那還不如養一隻狗還會聽話、討主人開心。

你意識不到自己的存在原來是被期待如一隻狗：聽話、順從、討主人開心，你只是恐懼及不安地要求自己一定要聽話、乖順，讓大人覺得你表現的最好、最乖，是有資格活在這個家庭裡的。

回溯根源，回到個體界限崩壞的那刻

涵如自小，爸爸就常喊她賠錢貨，說養她真是浪費米，以後也都是要嫁給別人家服侍別人的父母，不知道為什麼要幫人家養媳婦？所以，只要是涵如需要的東西，鞋子、衣服、書包之類的用品，爸爸總會不悅地對媽媽說：「買最便宜的，不然去問問人家有沒有不要的，拿來用就好，為了她是浪費錢啦！」

涵如總覺得爸爸不喜歡她，但不知道媽媽是不是也不喜歡她，還是必須要順從爸爸、配合爸爸，所以也跟著對涵如表露許多不屑的眼光和口氣，對涵如露出一種「妳怎麼那麼笨、那麼沒用」的厭惡表情，涵如印象中，媽媽要罵她時，常這麼說：「妳怎麼那麼賤？那麼笨？」

她小時候並不懂「賤」是什麼，直覺是指很糟糕的意思，所以她覺得自己很糟糕、很笨，什麼事都做不好，不讓父母喜歡、滿意。但她還是試著要做好，媽媽說她動作慢，她就努力做快點；媽媽說她笨，就努力把書念好點；媽媽說她沒用，就主動地幫忙媽媽，想讓媽媽不要那麼辛苦。

她一直很努力，努力地希望自己什麼都會、什麼都沒有問題，什麼都不再需要求人，她很想證明自己是有能力、是好的，別人的問題她都可以解決。而內心深處，她最希望獲得的，是父母可以看見她的好，對她溫柔點，給她一些肯定和喜悅的眼神，讓她也感受到一些來自雙親的愛。

然而即使數十年過去了，涵如都沒有如願，沒能成功地感受到父母對自己的一點尊重，更不用談到肯定，但她知道這是她內心放不下的執著，她還是想努力，希望有一天父母不再對她埋怨。但她也知道希望渺茫，畢竟父母親也都年老，哪有改變的可能呢？但她無法放下這一份渴望，她難過地說：「有哪一個孩子不想確認父母是愛他的呢？」

你看見別人痛苦會焦慮，看見別人不悅會懼怕，那是因為你小時候看見父親或母親痛苦、不快樂，以及充滿焦慮和生氣的模樣，深深地感到不解和恐懼。

你不知道怎麼辦？不知道怎麼做，他（她）能快樂，不要痛苦、不要不悅，能繼續愛你，不要鎖在他們內心的世界裡，讓你進不去他（她）的心裡。

這是你失去個體界限的開始，模糊了自己的主體性，也寄生於他人的情緒裡，載浮載沉，渴望別人在他的情緒海裡，看見你的出手拯救，看見你始終待在他身旁想給予安慰，卻往往不成功。你不是被他的情緒海嘯淹沒，就是成為他拉扯不願鬆手的浮木，卻怎麼也帶不了他上岸，終止沉溺。

而你不知不覺地自願成為別人情緒風暴裡的犧牲者，更多地分不清自己怎麼回事，總是在別人的不快樂和不開心中糾結、痛苦，深深地陷落自己不夠好、沒有用的無力感中，又內疚於自己沒有更有能力、更有辦法去解決他們的問題和滿足他們的需要。

用犧牲自己換取對父母忠誠的證明

你其實不知道，過早體認痛苦、過早被父母親情緒隔離關係的你，才是真正需要被自己擁抱和呵護的。心疼你自己，正視自己有情感的需求，即使過去得不著，如今的你可以學習成為自己的愛護者，不再親手把自己往別人的情緒風暴中推，而是了解到我們最終都只能成為自己人生的掌舵者，能帶自身遠離情緒風暴的，也唯有自身。

但要擁抱自己沒那麼容易，畢竟你有那麼長的一段生命歷史，活在不穩定且充滿歧視或貶抑的親情關係裡，你太習慣那些話語的存在，習慣到那些話語像一根根的鐵針一樣狂射向你，卻還是義無反顧地挺身面向對你射出鐵針的父母親，以一種準備壯烈成仁的氣魄，寧可自己失去性命，也要向他們證明你是那一位最忠心、最貼心、最不可多得的孩子。

但你真的能夠如此義無反顧地堅定下去，不停地向那不斷貶抑你、輕視你的雙親、長輩，宣誓你的忠誠和可被信任？

為了證明你的存在夠好、是有價值的，你用盡了多少心力，花了多少時間、金錢和心力勞力？你可曾注意過，也許另一個手足什麼都不用付出、費力，父母親還是如此偏愛著他、寵溺著他？

愛，是很主觀的，愛不愛得進去，都來自主觀的感受，以及個體內在執著的價值取向，那是旁人強取不來的。但身為小孩子的我們，當然不明白也很難了解愛的條件性，總是渴望無條件的愛會實現、降臨，讓我們的存在不要那麼微不足道，至少能在生育我們的父母眼裡、心裡，是無條件被接納也被喜愛的一個人。

重新審視那些你曾以為的善良與體貼

孩子的我們，太渴望從父母身上獲得「被愛」、「被無條件接納」的滿足，當我們發覺在父母的口中和表情中，有滿滿對我們的嫌惡表情和口氣時，我們以為是「我不好」所造成的，否則為什麼父母會出現嫌惡的表情呢？否則父母怎麼會一臉對我們的不屑呢？

這是我們誤解自己的開始，也是我們經歷分裂的開始。我們把父母分裂為「全好」、「全對」，把自己分裂為「全壞」、「全錯」。父母永遠是好的、對的；我永遠是那壞的、錯的。

有些孩子受不了這種分裂後的自我否定和自我歸咎，反彈為另一種極端：我是「全好」、「全對」的，他人（包括父母）都是「全壞」、「全錯」的。

前者的分裂，成了討好和自卑的人；後者的分裂，成了自戀者和自大者。

所以，重新檢視你的善良和體貼吧？那是你真正領受過被他人友善以對、體貼之後的有感而發，真心覺得善良和體貼是一份美好的人性交流和來往，還是，你從未經歷過被善良以對、仁厚體貼以待，卻是用極為批判和逼迫的方式，要自己一定要善良體貼，否則就是一個可惡的人？

若是害怕自己成為惡人，害怕被內疚感壓垮而非要不可的善良，這種善良是扭曲的，不只是對自己的逼迫和惡意，也會衍生出許多的不情願和不甘心。

真正的善良是有底限的，知道在不能違背和推翻自己的意願下，賦予自己選擇的權利，也不以必須做到幾近完美的「全好」、「全有」、「全對」的不合理要求來評價自己，不將自己視為一個真實的人看待，**物化了自己**，只將自己作為一個安撫別人、滿足別人的器具。

重新思考

這種出自於對自己的不善良和不合理所做出來的善良和體貼，又怎麼會是善良和體貼的本質呢？對自己沒有辦法給的東西，又如何能給予別人呢？會不會其實所謂的善良和體貼，是為了拿到想要的存在價值感和安心感呢？因為太害怕自己不能給、不能滿足別人的需求，自己就真的會被家庭剔除和否定？這是否是你內心深處對自己存在的最大質疑呢？

用無盡滿足及順應維繫關係的討好者

我們真正要學習的是在衝突或不和諧中，繼續地在關係中對話，找出彼此的共識，那麼以討好作為防衛的生存方式，才可能漸漸地鬆動，內在的膽量也才可能慢慢壯大起來。

為何你凡事都下意識說好？好好先生真的就是好人？好好小姐真的就能得到大家的喜歡和滿意？習慣在關係中處於討好位置的人，常把自己放在其次，總是會說：「我沒關係」、「我不要緊」、「都可以」，似乎要提出自己的看法或需求，都是一件很困難的事。

口頭上，也常迅速回覆他人：「好，沒問題」、「好，我會做」、「好，我來」，不論是溫和或霸氣地說好，內心的根本都可能源於對自我生命價值的不看好，把自己放在「為人服務」的位置上，務求自己要為別人效勞，盡力為別人解決麻煩和問題。

你的討好，來自焦慮和恐懼

這群討好者習慣看自己為「壞的」、「不好的」，對於自己無所事事，或是沒有功績，會感覺不安和內疚。把滿足別人當作己任，以為這樣就能從別人口中聽到讚賞和喜歡，也可以接收到自己是有價值和用處的回饋，藉此來撫慰內心空乏的價值感。

但這只是討好反應衍生出的其中一種，不斷引發討好和順應的主要原因，其實在於「好好先生」和「好好小姐」們，對於不照著別人的需求去做、不讓別人滿意，感到惶恐。他們腦中會時常想像，關於別人的失望、難過、生氣和冷漠。

以至於「好好先生」和「好好小姐」們長期下來，非常害怕別人的情緒，特別是他們認為別人的情緒，都是因自己的行為所致。如果他們能達到別人要求的，那麼別人的情緒就會平順安穩；如果他們沒有達到，對方就會開始歇斯底里，充滿許多難以預測的變化，讓人不安及焦慮。

「好好先生」和「好好小姐」們可能從小就必須面對一個時常以情緒作為要脅及發洩的親人，如果他們不照做許多的要求，就會被無情和無理地對待及脅迫，直到他們屈服為止。

他們不想同樣地以情緒威脅或情緒發洩作為控制關係的方式，卻也不知道該如何與那些情緒總難以穩定的親人好好對話和溝通。他們希望關係是平穩和諧的，但事與願違，討好者總是無法讓至親不再用這樣的負面方式控制他們的行為，唯有照做照辦，盡可能地滿足，讓至親滿意，這是他們想到的唯一辦法。

害怕衝突，形成隱忍

「好好先生」和「好好小姐」們童年時期，原生家庭裡可能都有一個情緒不穩定的家長，歇斯底里地大呼小叫、情緒激動，特別是對於不能接受的事習慣以謾罵，或是講刻薄難聽的話加以羞辱。

「好好先生」和「好好小姐」的童年，長期處在被這樣情緒激動、不穩定的大人嚇壞的環境裡，他們屏住呼吸、不敢輕舉妄動、僵住凍結，好讓自己挨過那樣驚天動地的情緒風暴侵襲。

日積月累，他們認知裡形成了一種信念：「不要動、安靜忍耐、不要讓他不高興，一切都會沒事的。」不論對方要求什麼、命令什麼，只要順從順應，對方就會息怒、就會安靜下來。

奕程是家裡的長子，下面還有兩個弟弟。從小奕程的父母就告訴奕程，他是大哥，以後就是要負責照顧家裡、照顧弟弟。尤其是媽媽，對奕程有非常多的期待和要求，從學業再到生活的作為，或是各種事物的安排，媽媽都會希望奕程以她的意見為主。

如果奕程有半點不認同，或是提出自己的想法，媽媽就會以非常激動的情緒和口氣告訴他：「以後你的事你自己管，我再也不管你了」，然後就歇斯底里地發脾氣，說：「養兒子有什麼用？兒子又不會聽話」……等等的情緒性言語，讓一家的氣氛不得安寧。

奕程唯一可以做的，就是聽爸爸的勸，安撫媽媽，告訴媽媽她說的都對，他會照著她的意思做。

奕程每一次這麼做、這麼說時，他都覺得自己戴上一了層非常厚的討好面具，掩飾內心強烈的憤怒和對自己的鄙視。又覺得自己像被抽空了的軀殼，只是一個被擺布的傀儡娃偶，隨他們扯動。

不知道從何時開始，奕程面對別人，不再遵從自己的感覺，他覺得沒有人真的在乎和關心他怎麼想，別人都只重視及在乎他們自己的感受。

為了要在關係裡生存，他也只要在乎別人的感受就好了，其餘的都不重要。

只要別人都平平順順的，沒有因為他做了什麼、說了什麼而情緒激動、呼天喊地，其餘的什麼自己的想法和感覺，都不重要，他只要負責說「好」就好了，只要大家都覺得好就好了，他總是這樣跟自己說。

個體概念薄弱，無法堅定自己的立場

若是從小沒有被賦予「個體」概念，不允許以「一個獨立的人」被看待及尊重的人，幾乎是從開始與他人互動的階段，就被視為一個應該聽命行事的傀儡，他的存在不是為了自己，而是為了父母、長輩或是家族。

許多長子女都有這樣的傾向，長子為了未來的光宗耀祖、傳宗接代，長女為了代替忙不過來的母親，照顧家人管教弟妹。他們都不能只為自己活，甚至不能有「自己」，他們存在的目的從一出生就被決定了，是為了「別人」。

在少子化的現代家庭，這樣不能有「個體性」的現象，也開始出現在獨生子女的家庭裡。

獨生子女出生後沒多久，就不斷被告知未來父母老後只有他們可以照顧，他們只有自己，子女的存在和成長就是必須承擔、照顧父母，否則他們何以要拚死拚活地生出一個孩子出來？

孩子以一種虧欠父母的型態誕生，他的存在意義即是要負責回報父母用盡一切心力和資源讓他誕生。給了他生命血緣的父母是恩人，他的一生要守候在他們身邊，以回報這一份給予生命氣息的恩情。

不論出生序如何，或是原生家庭的親子關係模式如何，「好好先生」和「好小姐」們都是從小就被剝奪「個體性」，只能依從並且順應，否則排山倒海的苛責、怨懟、批評和否定，就會令他們難以招架的必須立刻認錯、讓步和妥協，久而久之，他們的制約形成，讓好好先生小姐們深信不疑：自己的意見和想法，都只是災難。

而這樣的信念，被他們延伸到全面性的人際關係，在任何的關係情境裡，他們都只能是一個應答者、順服者和承擔者。

最小的孩子（老么）也可能塑造出討好的性格，但原因和形塑脈絡不同，在於最小孩子出生前，家庭已經有父母和兄姊等在家有資歷的人存在，每一個人都比他資深，是家中的老鳥，在還搞不懂家中規則之前，只能聽從別人發號施令，接受指揮一個指令一個動作，若他沒有乖巧聽話，則被責備為一個搗蛋鬼、壞孩子，老鳥們是可以不要他的。

或是哥哥姊姊可以作勢，表現出排斥老么，說他很麻煩、討人厭，他的存在讓他們很煩。么子若害怕孤單或被拒絕，那就得表現出配合、完全聽話、乖巧的模樣，討好兄長可以繼續照顧著他。

幼年在家庭的關係經驗，若有許多威脅、恐嚇和厭惡的敵意存在，那麼不論我們排行序、家庭成員的組成如何，都已經產生了「關係是不安全的」概念，自然往後就會對人際關係的相處和互動，有非常多先入為主的防衛和警戒反應。

成長，需要有面對關係不和諧的勇氣

「好好先生」和「好好小姐」們幼年的經驗，讓他們深信不疑，關係的不和諧會帶來破壞和失去，這來自他們從小被威脅要在關係中被排除或遺棄。致使他們腦中的記憶都烙印上恐懼和無助，這形成了大腦的神經迴路對於「不和諧」產生極大的敏感反應。

這是一種內在的壓力反應，讓他們對於人際的不和諧關係（即便只是觀念或行為和別人不一致而已），自動化地掉入恐懼和無助的退化反應，彷彿回到過去那個被威脅和被斥責的幼小孩童，只能僵住發愣，對指令麻木地尊從。

特別是幼年長期處在驚嚇環境中的個體，他們時常接受情緒不穩定的大人所發出的威脅和恐嚇，因此，這些個體的自我發展會受損、受到抑制，讓他不敢持有自己的想法和感受，也不敢發出真實的聲音。

這其實是非常巨大的恐懼和壓力，對一個孩子的身心來說，都是極度難承受的，但為了要在環境活下去，孩子們只能順應和服從，合理化所有的要求和指令，把自我弱化，甚至形成內在不運作的狀態。扭曲地認定只要對方不滿意、不高興，都歸因於自己哪裡沒做好，才會讓對方情緒如此激動和強烈。

因為幼年時受到大人的情緒風暴侵害，小小心靈的自尊因此受傷，無法健全地完成自我認同、自我認識，反而將身邊的大人對他的壓制及控制內化了，甚至把自己也非人化的視為滿足別人的服務工具，因此只要聽到別人有需求，就會立刻跳出來應允。

這種順應方式，確實讓人誤以為自己在關係裡能很安全、安心，只要表面上看起來都一帆風順、沒有衝突和不和諧，那麼他在關係裡就不會經歷任何不安，不用在活在恐懼裡，害怕另一人會怒目對他，或做出什麼攻擊的舉動。

如果以討好作為維繫關係的個體，沒有嘗試著面對及承認在關係裡，衝突及不和諧都是必然存在的一部分，那麼討好行為就永遠無法改善。

我們真正要學習的是在衝突或不和諧中，繼續地在關係中對話，找出彼此差異性的平衡點或共識，那麼以討好作為防衛的生存方式，才可能漸漸地鬆動，內在的膽量也才可能慢慢壯大起來。

否則內心的不安和恐懼感，還是會持續地讓自我消退，讓我們活在禁忌裡，無法在關係中真實地呈現自己。

重新思考

童年的我們受到情緒威脅，或受到家庭中重要他人的敵意排斥，使我們活在不安全感的陰霾中，很害怕自己表現不好、不夠乖巧、不能討別人喜歡，這種罪惡感像原罪一樣，讓你不停強迫自己要得到別人的滿意。

但現在的你已經長大了，開始能以一個成年人的思考能力，釐清這兩者之間存在的關聯性。

過去，你忽略了每一個人內在都有屬於他自己的人格養成、情緒模式和認知模式，他們怎麼對待或要求你，並不是真的源自你的行為和反應做出反饋，而是因為他們缺乏和別人正向互動、好好相處的能力，只能以拙劣的方式來威脅及控制你，迫使你服從。

能把別人的行為及情緒和自己的關聯脫勾，是一個重要的學習，值得現在就開始練習，不把別人的所有行為舉止，都和自己牽扯關係，誤以為都是自己所造成的。

迴避內心衝突，無法與相悖意見共存的討好者

當他們和重要他人的感受或想法產生對立時，會極度不安，因為他們沒有經驗過「不同的共存」，在這類討好者的的生活裡，感受和想法都必須和重要他人一致，不然就是「壞」、「錯誤」的。

討好傾向者，是最受「好人」、「壞人」二分法框架及束縛的人。為什麼他們會這麼受二元對立觀念的影響呢？一來是因為家庭的大人就是二元對立的灌輸者及執行者，無法以討論和多元思考觀念引導孩子理解問題和激盪想法，在這些大人的心中，給予的概念都只有「對錯」、「好壞」、「是非」；二來，是大人們總是以一種不容質疑、理所當然地方式告訴孩子：「什麼是對，什麼是錯」。

可能有人會想，孩子就是不懂，當然要直接告訴他們什麼是「對錯標準」啊！這就是問題所在，大人們究竟是以一種絕對性的標準意圖指責及批判孩子，還是在以理性和孩子說明，陪伴孩子用他們的思維方式，慢慢地了解世界的運作及規範呢？

被強迫灌輸二元論，逐漸僵化的思考邏輯

孩子從出生之後，身心維持一路發展、成長，沒有什麼是孩子天生就明瞭

的，他們會依照本性及本能和環境互動，在生存本能上，不僅要活下去，還要得到生存所需要的各種需求和資源，在尚未社會化之前，他們以本能反應，滿足自己生存所需的直接慾望。

孩子並不了解這個世界，不懂世界的運作有諸多規範和限制，當然也不懂得存在的危險和殘酷，這些都是逐漸成人的我們，在生活的經驗中一點一滴體會到的。即使大人們後來在自己的人生裡有諸多的體驗和領悟，但若以一種固著且無法彈性調整地將道理灌輸給孩子，孩子非但無法通透，反而會受到框架和約束，狹隘及抑制了思考能力。

除此之外，對孩子最大的影響在於內在性格的發展，他們將會以一種分裂的狀態活著，當外在世界讓他以為一切都只有簡化的二元對立，他的內在也將內化為如此。最為典型的即是「善惡的對立」。

外在世界極度的讚揚「善」、貶抑「惡」，認定這世界只要以「善」、「惡」觀點，就可以簡單分別和判斷出好壞，如此單一判斷下，將失去事物蘊藏的內涵和當中複雜多元因素所產生的交互影響，不僅人被簡化為「好人」及「壞人」，孩子也被簡化為「好孩子」及「壞孩子」。

非常害怕被歸類為「壞」的孩子，必須要表現極度的「好」，他們不斷搜尋及確認別人口中的「好」是什麼，只要誰被讚揚了、稱許了，就以為那是「好」而極力追求，想達到所謂完美。

這種猶如「要完美」、「要體貼」的上癮傾向，也是討好傾向的人會有的徵兆。他們害怕有任何一丁點不好的評語沾到他們，害怕聽到別人指責或糾正，這都意謂著他們不夠好、受人詬病。

無法統整對立衝突，只好追求極致完美

越是極度的想要表現好，就會對自己表現不好極度害怕；越是想要表現優秀，就越對自己表現平庸或是不佳感到恐懼；同理，越是想要表現出自己的善良，口口聲聲標榜自己是善者的人，正是源於焦慮自己是「惡人」、是「非善

類」的心理。

這種內心的衝突對立，來自內在自我的分裂。先從感知外在世界的二元分裂，再形塑內在世界的二元分裂，以致他的自我一分為二，一邊成為天使，一邊成為惡魔。然後，要求自己務必成為完美無瑕疵的存在，成為高貴及全然善良的天使，所以只能不斷地抑制及剷除內在的惡魔，必須消滅內在邪惡面貌的氣息，以避免讓自己墮落，成為他人口中厭惡的邪惡者。

以潔的父親是宗教領導者，母親是老師，從很小開始，父母就訂定出非常嚴格的規定，教導她必須要符合人和神的心意，成為好榜樣，不要做出讓人失望及灰心的行為，誤導別人對信仰失去信心。

以潔的父母都十分忙碌，時間幾乎都奉獻在服務及教導別人上，在有限的家庭時間裡，他們希望以潔不要讓他們擔心、煩憂，最好自己能察言觀色，懂得在什麼時間裡要做好什麼事情。

只要以潔露出小孩本性，想要撒嬌或是有小情緒，以潔的爸爸便會嚴厲及不耐煩地吼她，母親則是怒目相對，對她說：「妳要成為壞小孩是不是？要成為被所有人討厭、讓神生氣的壞孩子嗎？我們家的小孩不會使壞，妳懂嗎？」

因此，以潔一直認定若自己有情緒、想要在情感上親近，就是很壞也很糟糕的行為。特別是當她和別人互動時，若感到不舒服或不悅，也會立刻批判自己，覺得這樣很壞、很糟糕，怎麼可以對別人產生不滿？怎麼可以去埋怨別人？這些都是不應該的，不僅不道德，也不會得到神的喜悅。

以潔每天生活裡，像是時刻都要受嚴格地審查和檢視，然而，父母已然不是單單存在於外在世界的父母，而是居住在她的大腦裡，不論她做出哪個動作或反應，大腦裡的父母就會嚴厲地斥責並糾正她，反覆告誡她必須表現得完美，無醜話讓別人可說，否則就是做人失敗，有辱神的恩典。

以潔當然壓力很大，也很不開心，莫名的憂鬱症也悄悄臨到她身上，但她不敢讓別人知道，她很害怕罹患憂鬱症的事，若被發現又要被說她沒有見證，無法靠信仰成為別人的榜樣，為此她又覺得自己好罪惡，根本是一個爛透了的人。

她好害怕若是被發現後遭受別人指指點點，她不就讓父母很失望？不就真的成了那一個父母口中說的「邪惡的人」？

就兒童的發展過程來說，簡化的二元對立是認知世界的開始，孩子的認知處理作業系統尚無法處理和整合過於複雜的事物，也就是還無法平衡和理解這世界有許多矛盾和衝突的「共存」。

為了得到安全感，合理化父母的負面行為

孩子都會希望有對他好、凡事滿足，也就是所謂天使父母的存在，當他們在面對父母令他們失望、難受或痛苦時，若無法調節及平衡內在感受到的落差和衝突，便會開始排拒讓自己覺得可怕或討厭的父母。大約三到六歲的孩子，特別會想驅離他們不想要的父母形象，執意地和父母拉扯，要父母用他們想像的面貌來對待他們。

有些孩子見到父母臉色大變，表露兇狠生氣的模樣，因此反應出極大的抗拒和抗議，不斷地哭喊或是大叫，以拒絕接受這樣面貌的父母，並和父母拉扯不停，強烈要求父母以他們喜歡或想要的方式對待自己。

有些孩子沒有那麼大的意志力和自我性，覺得自己脆弱，必須仰賴父母而活，離開父母將使他們面臨非常大的不安，所以孩子們會趕緊順應這個面露兇狠的父母，合理化父母才是「正確的真理」，自己會被冷漠或是被厭惡對待，都是因為自己太壞了，是令人不喜歡的小孩，必須改正自己的行為和聽話，否則真的

可能被拋棄。

和父母的關係相處上，因故常常經歷對立和衝突感的孩子，他們無法經驗到和父母關係的安穩及和諧，父母總是處於和他們對立的位置上，責備和否定他們，他們也無法經驗被父母同理和呵護的溫暖，這樣的孩子，在關係裡，就會特別的辛苦和焦慮。

因害怕衝突，逐步讓出自我空間

兩極對立的衝突，會發生在兩方面：一是和外在的關係上，當他們和重要他人的感受或想法產生對立時，會極度不安，因為他們沒有經驗過「不同的共存」，在這類討好者的的生活裡，感受和想法都必須和重要他人一致，不然就是「壞」、「錯誤」的，而這將引發他們內心的極度焦慮，認為自己是不容於世的異端份子。

所以在關係裡，他們寧可漠視自我的感受和想法，只要把自己當作空的器皿，去融入他人的想法和感受，就不會太過困難和產生心理調適上的障礙。

另一方面，這種對立和衝突感產生的焦慮，亦發生在對內的反應上，也就是個體內在無法處理差異、矛盾，及不一致的觀點與情緒。就像是對某一個人感到喜歡或崇拜，就要完全地信服或是欽慕，不能產生一點兒失望或幻滅的感情。反之，若是對一個人感到厭惡和排斥，就要完全否定這個人有善的一面，完全拒絕予以欣賞和肯定。

他們的內在既無法處理多面貌的共存，也無法包容有差異或是矛盾的面向所在，要就「全好全善」，或是「全壞全惡」。正如小孩子在卡通或是故事書裡，總要明確且立即的判斷哪個角色是好人、哪個角色是壞人，才能知道自己要以什麼情感去面對、去採取行動。

若是善良的主角，小孩就會努力為他加油，希望可以順利消滅所有壞人；若是可惡的角色，小孩就希望這些壞人或巫婆都在這世界消失。

長大，即是學習包容差異和矛盾

兒童發展獨立成人的初始階段，會從二元對立及簡單的認知功能開始認識世界，隨著大腦的發展，我們會越來越了解多元觀點的存在，這世界是具有許多可能的。我們也開始歷經摸索不同情感面貌和特質，都可能同時存在於你我身上。沒有絕對的好人，也沒有絕對的壞人，所謂被他人美化的聖人或善人，可能仍帶有私下才會展現的黑暗面人性，但這不意謂著他的生命價值要全盤被否定，我們能越來越體察及領悟到世人皆不完美，這就是人經驗完整人性的歷程。

若是對整合這些差異或對立面的共存產生困難，這代表我們難以經驗「接納」和「包容」此類的昇華情感，某些方面也代表接受真實「現實世界」的任務發生了障礙，無法接受現實世界是客觀的存在。

對於世界過於理想、美化的人，通常在現實中都有不想看見和承認的（人、事、物）存在，他們對此總會感到難受、憤怒和厭惡，想要極力排斥和掩蓋。

而討好傾向者，大都有以表面的和善與順應來掩飾內心的混亂，他們越是把美好的光明面貌全給了外界，就會留下更激烈、更嚴厲及更多憤恨的黑暗面貌給自己。所以，當他們面對自己時，往往不是日常展現出來的那般親切可人，而是充滿批判和指責，許多時候，他們幾乎把殘暴全部用來對付自己。

當討好者能真正和世界達成一種平衡，深知不論自己的哪個面貌都可以存在於世，而世界的光明和黑暗其實也能同時並存，如白天黑夜的輪流運轉，他內心的和諧（協調性）才能開始流動。

內心能真正和平、寧靜的人，才能真正的懂得以和平寧靜與這世界相處。

重新思考

你內心也有強烈的二元對立「是非」、「好壞」、「對錯」觀點嗎？你可曾回想到是誰影響你的？又是誰加諸這些強烈的評斷給你？你可記得過去你受這些強烈、嚴厲的對錯、好壞批判及懲罰時的害怕及緊張？你可記得為了讓自己「絕對正確」，你承受了什麼？又是如何過日子的？

生命的存在意義，只是為了要讓你不斷地追求正確，害怕成為教條或規範下的罪犯？還是要讓你在基本法律準則及原則下，盡可能展現你生命的天賦和活力，感受到活在這世界的心安理得呢？

追逐完美我，實則為低自尊傾向的討好者

這種自視甚高的人，也有他害怕面對和接受的一面，所以只能把所有「不好的」的面向都推到別人身上，用不斷挑剔和否定，來鞏固自己是「好的、完美的」的理想形象。

討好傾向的人，常誤以為只要別人對他提出觀點或意見，都代表是他不好、他有錯、他的問題。他們總是很理所當然認為，只要和別人的意見不同，或是觀點有差異，自己一定是那個有錯的人。

他們因此很快的就會說「對不起，是我的錯」，或是「對不起，你說的對」，幾乎在沒有思考和辨識的情況下，立刻認為一定有什麼是自己疏忽、沒有做好的地方，所以才會讓人否定。

由此可知，討好傾向的人多為自尊低落者，也常呈現內在情緒的不穩定。自尊低落者即為自卑者，在環境中，無法深刻感覺自己有價值、值得尊重，所以無法安心的存在、安心的做自己。

那麼，為什麼會有人如此看待自己呢？為何會總覺得自己不夠好？總害怕自己有錯？對自己充滿懷疑及不安？

過度自傲，其實也是一種自卑

某些因素來自成長的環境，特別是原生家庭中，周圍有不斷在數落和挑剔的大人，以沒完沒了的方式不斷地挑剔他們所認定的錯誤，不論是規矩或是行為舉止，都有指責和批評不完的事，幾乎到了雞蛋裡挑骨頭的程度。

這樣的大人自認為優越，總以制高點的位置俯瞰周遭的人事物，好像唯有自己是無瑕疵的，周圍的人都必須要他不斷指正、修理，才能如他這樣完美無缺。

這種自視甚高的人，當然有他內心的原傷，也有自己害怕面對和接受的一面，所以只能把所有「不好的」的面向都推到別人身上，用不斷挑剔和否定，來鞏固自己是「好的、完美的」的理想形象。

自視甚高的人皆有自我中心傾向，有些或許會發展成自戀人格。他們對別人從未有真心的關懷，他們在乎的是能從別人身上獲得什麼樣的優越感及成就感。

即使他們看似花時間和力氣在培育或付出，但實則根本不在乎別人是否足以承受或背負。他們真正在乎的是，這個讓他付出心力的人，有沒有達到成功，並且可以讓他證明這個成功是來自他的栽培和付出。說到底，他還是在肯定自己，根本不會有一點肯定給他所培育的人。

在這種自戀父母教養的環境下，孩子不可能培養出健康而穩定的自尊。想想，父母有滿滿的需求和欲望是證明自己優越或菁英，而身邊的伴侶或親友，誰能受得了這樣的配合演出，不斷地滿足這種自戀人格者的慾望？

被父母全權掌控的人生

誰都可以選擇離開、疏離，但孩子不行，孩子成為了自戀父母的掌控物，在孩子無法擁有獨立思考、情感及行動力之前，只能依循著自戀父母所給出的評語和要求、期待及強迫。孩子無法選擇父母，如同父母無法選擇孩子，但差別在於孩子是由父母而生，有很多方面，不論是基因、教養方式、環境資源、物質條件，都是由父母單方面決定及給予，孩子只能是承受者、受影響者。

在還懵懂無知的時候，孩子就已受父母行為所框架，是無法自主選擇和決定的。即使後來孩子漸漸長大，明白世事了，早期所受的制約和影響，也不是說鬆動就鬆動、轉變就轉變，總要費盡所有的力氣、付出極大的努力，才有可能重新架構新的自我。

恆毅從小開始，父母就極盡一切心力栽培，從私立幼稚園開始，一路升上小學、中學，務必力求恆毅努力表現，一定要進學校榜單前十名。

特別是媽媽，常陪著恆毅練習，除了超前學習的習作，還有各種要讓人感受到「家教很好」的禮儀、口條和才藝練習。並且每到各類考試，媽媽也都會把作息表安排得很嚴謹，要他一定要達到每個項目的標準。

當恆毅表露出疑惑，不了解為什麼必須要那樣做到媽媽口中的標準時，媽媽總是嚴肅又優越感十足地說：「因為我的孩子就是要做到最好，照著我說的做，你才能優秀。我的孩子沒有做不到的。」

恆毅從小就似懂非懂，媽媽說的優秀是什麼意思？是努力表現？努力得高分？還是只要媽媽要的，他都要努力達到？

恆毅在很小的時候，會和媽媽鬧脾氣，抗議不想要這麼累，東跑才藝班，西奔補習班，他會累到蹲在路邊哭著說：「我不要去了，我好累。」媽媽立刻板起臉，卻還是用那種優越感十足的表情告訴他：「說到累，我才比你更累，若不是要栽培你，我需要這麼累嗎？你最好要感謝我，我要是放棄你了，你就什麼都不是了。」

恆毅被嚇到了，媽媽露出的嫌棄和失望，讓恆毅很害怕若是再不聽從媽媽的話，媽媽以後就不在乎他了。他甚至後來會說服自己，媽媽為他付出很多，媽媽很辛苦，媽媽比他還要累，不要讓媽媽失望。

媽媽總是對著恆毅說著如何求勝、求成功，同時還要保持自身的高尚優雅。不要太常接觸低階層的人，不要像他們一樣粗魯沒有教養，說話和行為要高級，低品味的事情不要做。

恆毅雖然聽了很困惑，有些不舒服，但他不明白自己的感覺究竟是什麼，都只是默默地回覆媽媽：「是，媽媽，我會試著做好。」即使這樣，媽媽也會回答恆毅：「不是要試著做好，是一定要做好。」

恆毅說不清楚內心的感覺，是一種不安及害怕，一定要自己全力達成媽媽的優越標準和期待，他相信那是媽媽為他好，若沒有做到，自己就什麼都不是，好像也沒有資格作媽媽的兒子。

這些感受讓他覺得很矛盾，心情時常複雜而沉重。但他已經習慣快快把這些感覺抹去，將注意力放在媽媽身上，畢竟恆毅每天的日子裡都需要媽媽載他、陪他，沒有了媽媽在身邊，真不知道人生還會有什麼意義？

一個成長過程全由媽媽或爸爸打理及左右的孩子，絕對是一個在外人看來非常乖巧的孩子，也許還會有點羨慕怎麼把孩子教得這麼乖巧、孝順。這樣的孩子，不論生涯後來的發展為何，可能一輩子都會是聽話、順從的，但他們的內在中心卻是空的，早已經被媽媽或爸爸的價值觀、喜惡傾向、信念設定占據。

因為他們很小開始就沒有所謂的「自我」，沒有可以表達的想法、意見和體會，裝進內在的行為準則，都完全從父母身上複製，像是永遠都達不到的目標。

父母的情感忽視，如何影響孩子的一生

如此的影響和塑造下，會對我們後來新建立的人際關係有什麼樣的影響呢？不論是朋友關係、伴侶關係、職場關係，我們都可能無法真正知道及了解自己想要的目標是什麼？又如何能夠展現一個內外在一致的自我。

童年期情感忽視——簡稱 CEN（Childhood emotional neglect），是由臨床心理學博士鍾妮斯．韋伯博士（Dr. Jonice Webb）提出的一個概念。鍾妮斯博士將其定義為：**一種由於父母沒能給予孩子足夠情感的回應所造成的情形**。

其中一種情感缺失的父母類型是權威型父母：期待孩子按照父母的規定行事，都是「為你好」，不要問為什麼，另一種自戀型父母，則是充滿了優越感，要求孩子表現完美，不能丟父母或家族的臉，這都造成孩子在情感上長期受漠視，無法發展一個穩定而完整的自我主體感。

這些在兒時所接受的教養，以及生活經驗，在我們成年以後會持續影響我們的情感和社交關係，這是毋庸置疑的。

我們的社會長期以來漠視情感，對情感的渴求雖然濃烈，甚至戲劇性地展現，對待彼此的行為卻常出現忽視、冷漠嚴苛的互動模式，這是一種情緒傳承和模式複製，幾乎你可以從亞洲家庭或華人家庭看見這種模式的存在。

解開罪疚心理，放下反芻的自責習慣

在家庭中缺乏情感關照及同理下，當生活中出現難題，或情況並不順利時，這些孩子便容易傾向認為是自己不夠好，如果周圍的大人更習慣以一種他們從不犯錯，犯錯的永遠是孩子的教養態度，那麼無疑這個孩子將會成為代罪羔羊，無論是他自己或家庭方面產生問題，被怪罪和指責的對象，都會是這個孩子。

一個家庭缺乏情感關照和同理，並不意謂這個家庭就善於理性思考，對於權威型父母或是自戀型父母來說，他們既不灌溉情感在家庭中，也不建立思考的能力，而是任憑權力欲望及控制欲在家庭中運作。

因此，在這種家庭模式塑造下，順應和討好權威或自戀型父母的孩子，既缺乏情感關懷及連結，也缺乏理性思辨的能力，於是在情感層面無法支持自己，在理性方面無法客觀思考事件的多元因素。

這樣的孩子長大後，彷彿某一塊大腦發展並未被啟動、開發，他們無法合情合理地評估當問題或衝突發生時，彼此之間要承擔的責任比例和歸屬，也無法思考事件的相關因素和前因後果（脈絡），只會不斷地已自我批評和否定，不斷指責、攻擊自己。

在這樣的現象裡，我們可以估計這樣的個體在孩童時期應很少被陪伴、有良性互動，只能單方面地接受指令、批評、要求，並被命令「應該要……」而照單全收的可能性是很高的。

給予自己犯錯的機會，及承認天生的不完美

當我們的內心脆弱，便會容易感到受傷，他人的「話」，即便只是單純表達他的觀點，都會成為對你的指責和質疑，但其實，你是有權利可以不接受的。

活在高理想標準（完美化）的期待及要求下，人是建立不了對自己的信心和肯定的。同時，也無從建立自己的價值觀及標準，而必須更加的依賴他人的要求和指令行事，否則就不知道自己該何去何從。

就像無盡跑滾輪的小鼠，無法停歇，也不知道為何而跑，只要別人把滾輪擺在前頭了，一跳上去，就要奮不顧身地跑跑跑。

如果，你是這樣子長大，從來沒有經驗過被允許嘗試、體驗和犯錯，被期許

天生就必須是完美的存在，而不停被糾正錯誤、指責不夠好、要求必須改善，那麼，你要從這一刻開始賦予自己權利，可以有自己的體會、感受、想法，不需要再像一個人工AI，只是不斷地執行「應該要」的命令。

你要允許自己活出「人」的特徵和特性，有嘗試和冒險的勇氣，在嘗試和冒險中累積對人生的領悟。不再深陷在「害怕自己不夠好」的心理地牢裡，因為領會身為一個人的感受和經驗，比「正不正確」還寶貴。

即使別人質疑和不以為然，甚至反對，你都可以藉此了解那是他們的價值觀和他們的選擇取向，但都不意謂著：你是錯的、你不好。

重新思考

童年的我們因為需要父母的撫育和身心關照，所以會有強烈的依戀感發生，需要確保自己在親子關係裡是被接受和被愛的，所以我們努力、盡力，以父母所給出的標準，作為自己的行為準則，也如此對自己要求。然而，過去這一切的形成都是在你無意識、潛移默化中，從未真實的透過你自己的思考及感受，確認這些標準和目標是否也是你要的？也是你想要追求的？

習慣接受命令和標準的你，當失去了別人的評價和回應，是否就無從認同和肯定自己？因此你很害怕失去關係中的別人，像是一艘船失去了航道，不再有燈塔。然而，這是你的制約，習慣把關注力依附在他人的身上，以迴避感受和了解自己，漸漸麻痺及空洞的你，若不試著從零開始一點一滴建立與自己的關係，又怎麼可能安心放開緊抓著別人的手呢？

為求得安全生存，習慣依他人臉色行事的討好者

只要照顧者時常露出嫌惡的表情，還有大量的否定和拒絕，孩子便會因為經歷這些羞辱，而錯以為自己必須要不停地討好照顧者、不斷向照顧者示好，甚至卑微地乞討著生活資源和基本照顧，自己才能被允許活在那個環境。

有一類發展成討好性格的人，來自幼年時沒有穩定的主要照顧者，特別是缺乏父母親在身旁關照。常被迫要寄人籬下，由祖父母或父母親的手足代為照顧，這樣的孩子必須夾縫裡求生存，不斷地看別人臉色過日子，以確保自己在無親生父母在身邊的情況下，仍可以生存下去。

沒有親生父母在身邊的孩子，生命的安全及身心健康的照顧，只能端看環境的其他照顧者以什麼態度和行為而定。幸運的話，或許還能建立安全和信任的人我關係，還能在妥善的照顧下，建立自尊與良好的自我概念。

然而，不幸運的話，孩子只能在身心需求的匱乏和疏忽下，各憑本能和身心的應變力，讓自己得以活下來。而即使存活下來了，也可能已經累積許多身心發展的損傷和安全感的缺失。

如此情況下，發展成討好的性格往往很難避免；小心翼翼看人臉色，深怕自己被討厭，會遭受排斥和驅離。許多在生活和人際關係中不得不討好的個體，都有曾經被威脅和恐嚇的童年經歷：

「你爸媽都不要你了，你還不給我機靈勤快點！」
「你就是一個麻煩鬼，要是惹人厭，小心我把你趕出去！」
「你如果不會看臉色，沒有人會喜歡你。」
「識相一點，你要是不聽話，沒人想照顧你。」

寄人籬下或隔代教養的孩子，再怎麼強迫自己習慣，對這樣的現實情況不要抱有太多感觸，但事實上，在生活中還是會時常看見別人有父母親照顧的情景，也很難避免不去「社會比較」。即使意識層面，可以說服自己「不要在意」、「這又沒什麼」，但潛意識裡卻可能壓抑了「自己不如人」、「自己是社會次等品」的卑微感。

因為自己的存在帶給周圍的人麻煩、累贅，好像造成了別人的負擔，若是再加上別人不情願的表情和口氣，那麼，就會造成內在更深的羞愧和內疚感。因此造成一種誤解或錯覺，讓生存於這樣處境下的孩子，以為自己的生命是有所虧欠的，在需要別人的照顧和供應前，必須先符合別人的要求、滿足別人的期待，小心的聽從別人的指令，討身旁的人喜歡。

生存的需求，成了自尊的傷口

人的誕生，哪能不需要依賴別人呢？生命的孕育過程，養育、保護孩子都是一種自然，正因有下一代的出生，人類的生命才能延續、傳承，再創造新世代。

但是，當日子困難，伴侶關係基礎薄弱，或是個體本身還未準備好承接一個新生命的到來，養育的資源不足……等等因素，都可能使孩子一誕生就被迫離開雙親，由另外的親人或照顧者代撫養。就算失去了父母親親自撫育，孩子還是需要其他照顧者的出現，這是必須的，孩子是無法靠自己撫育和餵養自己。

正因為是這麼自然也很正常的成長需求，對一些個體來說，這麼基本的生存需求，卻成了自己生命存在最大的自尊傷口，那種必須依賴別人才得以存活，成為自己生命最深的卑微，感受生命不得不經驗的脆弱和無助狀態。

只要環境中的照顧者時常露出嫌惡的表情或嫌棄的口氣，並且在撫育的過程中，夾帶許多煩躁、憤怒和厭惡情緒，還有大量的否定和拒絕反應，孩子便會因為經歷這些對他的羞辱，而自動化地形成「我不好」、「我不被愛」、「我不應該存在」的感受知覺，而錯以為自己必須要不停地討好照顧者、不斷向照顧者示好，甚至卑微乞討著生活資源和基本照顧，自己才能被允許活在那個環境。

溫蒂從小就由許多親人照顧，反而是父母因為在外地工作，很少陪在她身旁共同生活。

從有記憶以來，溫蒂的身旁有爺爺奶奶、大姑姑、小姑姑、叔叔來來去去，但是就是看不見父母親身影，也不知道他們人究竟在哪裡？

溫蒂不記得自己是否會想找爸爸媽媽，印象中也好像沒問過到底雙親去哪裡了。而親戚們也不太聊到溫蒂的爸爸媽媽，彷彿他們並不存在一樣。每當逢年過節，父母就會回到爺爺奶奶家，但對溫蒂卻也沒有特別的關心，反而媽媽看起來非常嚴厲而冷漠，總是在訓斥她哪裡沒規矩、哪裡沒做好，好像在那短短的時間裡，極欲表現出自己身為母親，有盡到管教的責任。

若是說小孩心裡都需要爸爸媽媽，溫蒂反倒覺得身邊的爺爺奶奶和姑姑們更重要，他們會影響和決定她一天的行為要如何，要戰戰兢兢，還是必須要安靜順應。

溫蒂小時候常常聽到小姑姑會說：「我為什麼要照顧妳啊？」語氣裡有很多的不情願和埋怨。溫蒂出生時，小姑姑是高中生，要準備考大學，想要有自己的時間和同學出去玩或聚會，但常常因為溫蒂而被要求留在家裡，所以總是很沒好氣地對溫蒂說話。

溫蒂記得三、四歲的時候，自己一個人在看電視，看到不明白的事情，轉頭想問在一旁的小姑姑，小姑姑讀著自己的書，連看都不看她一眼，只回了：「我為什麼要讓妳問啊？」、「妳憑什麼問我啊？」，溫蒂不記得那段記憶後來的自己怎麼反應，卻在那個記憶裡，好像凍結了一個看起來很可憐、一個讓令人討厭的自己。

長大回頭想，溫蒂才慢慢地看見及發覺，原來自己從很小開始就很怕被人討厭，那是一種摻雜著害怕、恐懼、緊張、哀傷和無助的感覺，還有很深的孤單，好像自己是一個在全世界都沒人想要的小孩，沒人想要照顧和關心，當然也沒有人會重視她。她活著最重要的事，就是不要造成任何別人的困擾，沒有人想要陪她面對，更不會有人會想要為她處理和解決生活遇見的問題。

早年的生命經驗，帶給溫蒂至少兩大生命的影響；一是溫蒂非常習慣、甚至擅於去提供服務和滿足別人的需要，她從小就以各種聽話和懂事來換取可以活在親人家的代價，幾乎可說是被環境訓練得很能符合其他人的期待和要求。

第二大影響，是溫蒂很容易在他的周圍看見弱小者或無能者，因為這些對象的弱小無助，讓溫蒂很快就會投射過去自己的孤立無援和無人關心的印象。她因此很難置之不理，無法劃清界限，做好責任歸屬，內心還總是觸發一種難過和自責，好像不去幫忙或沒有把問題解決，自己就是一個絕情狠心的人。

溫蒂內心過往的童年成長經驗，影響了她情緒糾結和關係界限拉扯，無法以理性思考和客觀事實脈絡，來分析及了解清楚狀況，因而常陷於內在的思緒混亂及情感衝突中。

當孩子在生命早期經驗到自己的存在是一種羞恥，那將成為他自尊難以痊癒的傷口。

即使是由自己的親生父母親撫育，若是親生父母親也慣用歧視和嫌棄的口吻和態度對待孩子，孩子也會自然而然經驗到自尊的羞愧和自卑，好像都是因為自己的存在，而造成大人的困擾。

養育孩子，不只是滿足生理需求就足夠

但是，誕生後的成長過程哪會沒有任何問題發生？又哪會沒有生活需求呢？這不是每一個生命在成長過程，自然會有的過程嗎？

對困擾於經濟壓力和各種物質生活層面問題的父母，所有能量和關注力全都投向現實世界的生存壓力，在他們追求各種金錢、物質或成功的欲望驅動下，還有多少心力和情感能量可以給正在成長、發展的孩子呢？

並不是說關懷及照顧生命不累，正因為非常疲累，不僅身體有勞動，情感更是時時刻刻勞動，因此若沒有妥善的自我生活管理，沒有做好能量分配及運用，那麼當把能量都往某一方面灌輸，其它方面就無法獲得足夠的關注了。

我們會看見許多家庭和照顧者，在自我生活安排及管理上可能都沒有方法發展秩序，及足夠妥善的資源運用，當然一定會有許多大人會說這是不得不的，為了生活及生存，為了給孩子足夠的物質資源，也只能拚了命地賺錢工作，付出大量體力和勞力後，實在沒有力氣和精神好好陪伴小孩。

社會從過去到現在，還是有很多的父母或是照顧者認為除了物質生活的供應和給予，很難真正理解和明白，維護孩子的身心健康，特別是心理功能的健全發展，關鍵是在嬰幼兒時期的情感經驗：**透過建立安全及信任的撫育關係，讓孩子在生活中能經驗到被關愛及接納，情感上能獲得安撫、調節及陪伴，在大腦的情感功能區域經驗到與重要關係的連結，體會到被愛的感受，那會成為未來他愛自己及愛別人，很重要的經驗值，也會成為他內心的正向情感資源。**

停止誤解生命有所虧欠，而陷於不斷給予的補償心理

覺得自己的生命存在造成虧欠的人，無意識就會產生自己活著是麻煩、造成別人問題的罪魁禍首，而引發羞愧感。但羞愧感，不是人為了安全活著的必要情緒，羞愧感更大的激發原因是來自幼年時的卑微和羞恥，覺得自己的存在造成家庭某個重要他人的負擔及痛苦，或是經驗過被埋怨和怪罪自己沒有幫上誰的忙，

沒有解決某些家庭的困難（例如：貧窮、關係衝突），只能不停地目睹家庭紛爭、經歷情緒痛苦，卻又無能為力，而開始將無能為力朝向對自己的攻擊，恨透自己沒用、沒本事，才讓家人不能過好日子，無法制止痛苦和爭吵的發生。

如果這是你幼年的經歷，甚或是成長以來常發生的情緒糾結，那麼你需要觸摸自己的心靈，真正去連結曾經活在那極為痛苦和情感缺失環境中的你，內心壓抑和隱藏的情緒感受究竟是什麼？

因為無論是羞恥或羞愧，都是一種迴避內心受傷真正主因的替代性情緒，或稱為抑制性情緒。目的就是為了防衛，讓你不要去接觸到自己內心的傷口和悲痛，不要去感受，就以為自己不會在意，就算沒有得到安慰和理解也能活下去。

而羞恥感或羞愧感，都是一種對自己的指責和批判，嚴重的話還有對自己的羞辱，也就是把攻擊的目標轉向自己，運用轉移到自己的批評和怪罪，我們就不會對當初忽視、羞辱及看輕我們的大人，懷有恨意和怨念，成功地壓制我們內心對於無法得到情感愛護的憤怒和失落，把一切歸咎於都是自己沒有那樣的資格和本事，得不到也是應該的，不要有怨有恨。

若是這是你曾有的反應和防衛機制，那你需要重新檢視這些猶如病毒的「有毒信念」，它將侵害生命的自尊和價值感，也會讓你莫名其妙的在關係中，難以擺脫地活在虧欠和自責裡。即使根本不是你的責任，也不是你的問題，你也會產生地、陷入必須承擔和解決一切的補償心理。

你需要先矯正對自己生命的價值設定。如果你早已視自己的誕生為「錯誤」、「虧欠」，你的整體系統，都將用盡一生完成你本人寫下的生命設定：「我的存在是錯誤，只能不斷彌補或補償，以表達我的歉意」。

這真的是你在人生裡，用盡一生心力和能量如此運作，也不後悔的事嗎？

重新思考

童年的我們受到存在的威脅，感受到家庭照顧者或家庭成員的敵意排斥，使我們誤認為自己是個麻煩、是惹禍者。

這種「自我誤解」，來自無條件接收和認同了外界他人對我們的負面態度、評價、對待方式，誤把被錯待的我們視為引發被如此對待的源頭、原因。

因此，許多人對自己的生命價值產生非常大的否定，以敵意的眼光看自己，誤認為若不是自己的生命卑微、可恥、不堪和糟透了，怎麼會這樣被他人用那麼惡劣的態度和口吻評論、批評。

現在，請試著以健康和友善的價值觀重新評定，你還會認同那些以嚴苛、無關懷及攻擊的方式對待任何一個孩子嗎？

以成年人心智思考，我們都會了解任何一個年紀尚小，對世界仍在摸索的孩子，是無法背負照顧者們厭煩、不悅、憤怒不平的情緒責任，不是嗎？

為減輕生存焦慮，長期承受精神暴力的討好者

因為害怕暴力和那些情緒性威脅，孩童被迫發展「親近行為」來化解潛在的危險。而「討好」即是一種化解危險的方式，甚至發展出為極度認同父母，以父母喜好作為自己行為準則的討好人格。

在暴力環境下成長，人也可能成為討好性格的人，或對他人卑屈順應。畢竟，在成長過程，有安全及可信任的環境及照顧者，孩子才能安心的發展自我，隨著生理和心理的年齡，發展完整自己存在所需要的各種身心功能。

但暴力的家庭及不安全的生存環境，讓身心尚脆弱的孩子不僅得不到生存需要的滋養，還時常提心吊膽突然遭受各種沒來由的懲罰或虐待，使他們必須活在高度緊張、不安和防衛狀態中，時時恐懼，無法經驗安心和放鬆的生活。這時他們的討好順應行為，是一種防衛本能，並不是真的為了增進關係，而是為了保護自己、隱藏自我。

冷暴力造成的創傷，並不小於肢體

關於暴力，很多人會說童年並未遭受什麼嚴重的肢體暴力，也沒有太可怕的責打，但除了肢體暴力，還有一種是精神暴力，不論是用歇斯底里的情緒嘶吼、謾罵，或是極端地冷漠無視，都是以情緒進行精神暴力的一種型態。

我們小時候一定都有被用冷漠懲罰的經驗：如果不順從、不乖乖照做，就會被以冷漠隔離的方式拒絕接觸和對話，這種方式表面上好像暫時中斷了衝突和紛爭，但對孩子而言，比較多能感受到的卻是強烈的懲罰和遺棄，握有較大控制權的父母，能夠以情感切割和撤離作為懲罰孩子不順從的手段。

仍是孩子的我們，無論是生理或經濟上，皆尚需父母、長輩的照應，不可能僅因為他們的冷漠以對，我們就能立刻脫離照顧者，成為一個獨立個體，靠自己活下去，勇敢地轉身離開。

身為孩子，我們會害怕、焦慮，擔憂真的被所依賴的人拋棄、拒絕，成為一個孤苦無依的人，所以會討饒、討好，會讓自己成為順從聽話的乖孩子，盡量不要讓所依賴、所在乎的人不開心和不滿意，以免被厭棄。

因為害怕暴力和那些情緒性威脅，孩童被迫發展「親和行為」來化解潛在的危險。而「討好」即是一種可以化解危險的方式，盡量順應父母、接受父母的任何指令和安排，做個會討大人歡心的孩子，甚至發展出極度認同父母，以父母的喜好作為自己行為準則的討好人格。

但是，關係的暴力和情緒性威脅，並未真正地解除，為了要在這樣的教養環境待下去，孩童必須發展認同威脅者和所處的環境，甚至要表現出「愛」（孝順）這樣的父母（照顧者）。

被忽視的驚弓之鳥

長期處於暴力環境中生長的孩子，內心常處於緊張焦慮中，他們沒有機會得到任何情感上的調節和安撫，只能用身體直接去承受，正因身軀和大腦尚在重要發育期，就必須不斷遭受許多的衝擊和驚嚇，便會直接造成大腦發展時某些區域受到損害，或甚至延遲發展，使得身心呈現發展的不一致或不協調，日後成人生活也會影響社會心理適應上的困難協調。

長期處於驚弓之鳥的個體，尤其若從小身心就經驗很多壓力和忽視，身心功能發展的不一致，便會讓一個人外表和生理的年齡發展和心理功能的實際運作上，呈現很大的落差。例如：外表已是近三十歲或四十歲的成年人，心智能力（認知、說話、語詞理解和表達、述情、情緒控制、感受、關係連結……等）卻猶如仍在幼童狀態，有時候還會出現退化成小嬰兒的舉止表現。

若個體仍發展出高度的自我功能，例如在數理學科的學習能力不弱，或沒有出現注意力渙散的問題，卻仍可能因為暴力威脅的情境再度激發出強烈的痛苦情緒，而必須反射出解離的反應：用自我抽離的方式，處於內在空洞或斷連的情況，或幻想自己在另一個空間、轉換另一種身分，來緩解及隔離痛苦情緒感受的襲擊，這也是屬於情感心智功能的發展損害。

在任何環境中，一旦經歷高壓暴力的威脅，時時活在驚恐狀態，任何生命都不可能是健康的，在家庭如此、學校和社會職場環境也是如此。就算沒有明顯精神或心智的疾病，身體在大腦長期保持高壓和緊張的情況下，也會出現許多系統的病症，像是消化系統、內分泌系統、肌肉骨骼系統、呼吸系統和表皮系統，身上各種系統在大量的壓力和情緒痛苦下，亦會產生組織發炎、阻塞或病變。

這一連串的損傷，將讓個體只能困難地維持生命的健康與活力，不僅無法經驗成長過程能為自己帶來各種突破和成就，也難以充分體認獨立自我的存在，是何等快樂和幸福的事。

不只如此，在人際關係的建立和互動上，受到過往負面成長經驗的影響，就易形成悲觀、不信任、焦慮及封閉，遇到和人互動不是過度緊張，就是過度疏離，很難在人際衝突和不一致中，進行自我調節，找到平衡、自在的互動方式。

自動延伸的討好防衛機制

有時候，為了掩飾這種過度緊張和焦慮，既害怕搞砸，也害怕被人異樣眼光看待，反而會讓個體對陌生人、剛認識的人展現過度友善和隨和，營造出自己似乎是非常和善好相處的形象，以此來讓「自我」被隱藏，也就不會被識破自己的恐懼和封閉。這時候，個體就會呈現「討好」的姿態和表現，來迴避感受自己的存在焦慮。

以生存的防衛機制來說，「討好」（接受被控制）可說是最快讓人獲取安全的一種求生模式。

高靜很怕被反駁，只要說出自己的想法和意見，別人就可能會表示不同意或是出現反對的情緒，一想到這點，就讓高靜覺得十分焦慮和緊張。

高靜活在一個時常有暴力發生的家庭，無論是父親的肢體暴力或母親的情緒暴力，幾乎是從小有記憶以來的生活日常。身為長女，為了要讓妹妹和弟弟少受一點莫名的發洩或懲罰，她會自願擋在妹妹弟弟之前，承受父母親各自的情緒失控和暴力。

小時候，父親三不五時就喝醉酒回來，三更半夜的把一家吵起來，和媽媽不是一陣相互地鬼叫嘶吼，就是媽媽哭天喊地拉著他們說要跳樓，哭訴活著沒意義，要他們也乾脆不要活著讓人糟蹋。

很小的時候，高靜隱約記得她還會哭，也會害怕，但不知道到幾歲，也許是六歲、七歲吧，她覺得自己開始上學，夠大了，就不再哭了，反正哭也沒用，爸爸還是一樣會半夜喝醉酒歸家，媽媽一樣會哭著怨著喊要跳樓，這樣的家是不可能安寧的，她也不抱任何期待這一切會有什麼改變。

高靜也不知道自己為什麼會這麼自動反應；爸爸脾氣來了，罵什麼就趕快照做，媽媽情緒不好不想照顧家裡，就由她弄東西給妹妹弟弟吃。父母猶如兩個比他們還年紀小的小孩，情緒就像不定時炸彈，什麼時候又要炸得一家不得安寧，根本無法預料，這讓她一點辦法都沒有。雖然鄰居也通報過，警察也來過家裡，但沒真的造成身體的創傷，也沒人性命真受到危害，大家也都無可奈何，最後便不了了之。

關於家中發生的一切，高靜就只能忍耐、承受，即使高中時期就有老師跟她談過，覺得她似乎有些憂鬱症的症狀，也覺得在班上和同儕互動很疏遠，好像沒有什麼深交的朋友，但高靜卻表現的無所謂，她覺得只要能讓自己麻木的活著就好了，對於自己的內在究竟怎麼了、發生什麼事，一點都不想關心，也覺得沒必要關心。

一直到大學，情況也大致如此。唯一不同的是，高靜知道她一有工作能力就要離開家，離家遠遠的，不須再面對和承受雙親演不完的打鬧劇。

成人後的高靜是做到了這點，但在職場環境，她只維持表面的客氣和善，卻不曾和任何同事產生更進一步的個人情誼。只要和人有多一點接觸，就渾身不自在，她很討厭那種彷彿被他人上下打量或被當作焦點的感覺，那讓高靜極度不安恐慌，像要呼吸不過來的窘迫。為此，她很少表達自己內心的想法和情緒，也很少揭露自己的私密心思。事實上，她也的確不清楚自己內在真實的想法和感受是什麼，她確實只能回覆：「好」、「沒問題」、「是」。

就這樣，職場環境大家對高靜的評語就是隨和、好相處，但似乎很難靠近，也很難了解她是怎樣一個人。高靜在和同事們的相處上也好像不得其門而入，不知道該怎麼跟人深談，事實上她對他人沒有什麼信任感，只要多靠近一點就感覺恐懼不安，即使高靜知道自己的和善及好相處是一種自我的保護色，而並非真心相待，但她也只能做到這樣，這是她摸索出能維持在職場生存最安全的方法。

幼年遭受的對待，會複製到我們的人生

我們的幼童時期非常重要，因為這個時期所經驗到的家庭，建構了我們對這個賴以生存的世界有什麼樣的認知，若是家庭充滿暴力威脅和不穩定情緒，那麼無疑孩子所知覺的世界，就是一個「暴力威脅和不穩定情緒的世界」。

而原生家庭的成員組成，就成了我們最原始的人際關係經驗，將會影響及制約我們未來在人際關係中如何生存及互動，包括生存態度是積極、樂觀的，還是消極、悲觀的，會下意識呈現在原生家庭中所塑造的應對姿態。

依照著名家族治療師維琴尼亞・薩提爾（Virginia Satir）觀點，她在其著作《家庭如何塑造人》提到的冰山理論，幫助我們理解及說明人外在行為下有許多內在層次的形成，猶如冰山，我們能看見一個人顯露於外的行為（冰山露出水面的一小角），但若要探討及了解一個人的行為是怎麼產生或如何被塑造，就需要深度了解他內在各層次的狀態或需求（海平面底下那些龐大存在的冰山層）。

而其中水平線的位置，是屬於一個人的應對姿態（或稱溝通姿態），關於一個人如何和這個外在世界互動的方式，屬於外在行為可以觀察到的一部分，甚至影響他衍生出的各種言行舉止。

在薩提爾的理論中，有四種常見應對外在世界的姿態，分別是：指責、討好、超理智、打岔。其中一種對應姿態就是「討好」，可見在人際關係互動及溝通的姿態上，用「討好」應對他人，是人們常用的自我保護方式。

這四種應對姿態，都屬於無法走向真誠一致的關係，無論是家係社交或是親密關係。對大部分因原生家庭經驗而無法信任人，及認為他人皆是不安全的個體來說，他們的互動和溝通，並不是為了要真誠情感連結和交流，而是為了保護自己免於遭殃或被傷害所啟動的自我防衛，但如此同時也阻斷了在關係中真正的溝通，是無法建立彼此深層理解及親密感的。

換言之，當他們使用應對姿態在人際關係中時，只是為了在環境中活下去所做出的自動化反應，而不是真正經過思考、感受、自我覺察及選擇的。

離開被拘禁的心靈地窖，給自己活過來的那口氣

童年創傷的個體，即使身軀長大了，內在還是時常處於恐懼害怕和無助的情緒當中。隨著成長，經歷上學、工作、建立新關係，但內心仍活在昏天暗地的封閉地窖裡，必須隱身躲著，才不會因為一不注意過於放鬆之後，又突然遭受一陣暴力襲擊。

這般活成像是一隻無助的小老鼠或小貓咪，讓個體無法正確認知自己真正的狀態，也無法體察身上所具有的能力和力量，原本能自由開展、自在發揮能力的

事都會被受限和壓制。

許多研究告訴我們，並非是這樣的個體不願意去開展或是運用自己的身心資源，進而活出開闊而自在的人生，而是在身心發展理論上，大腦神經發展系統許多區域因為受暴力創傷的威嚇和阻斷，並未開發或未曾啟動，而造成個體受到過去經驗制約，無法有效的嘗試和突破新的經驗。

就像是受電擊的老鼠，即使前方有出口可以走出迷宮，但因為屢遭電擊，電擊就成了老鼠不斷儲存的記憶資料，前方出口則是未知的區塊，大腦不斷釋放電擊的可怕和危險訊號（恐懼情緒），終至老鼠無法走到出口處，離開迷宮。

然而，人之所以與其他哺乳類動物不同之處，是我們的思考能建構新的意義，能透過意識的啟發，促進我們轉換不同的角度重新理解及賦予新覺知的意義，這就是「教育」。

我們可以透過接受教育及自我教育的歷程，學習新方法，重新連結過往時空中的自己，真正了解過去的生命是如何受童年負面經驗的影響，甚至限制和被剝奪，所以現在才需要學習新的撫育和關愛的態度和方式，做出彌補和修復。

雖然中間的過程極其艱難，畢竟大腦的神經迴路運作是快速且自動的，若自己沒有提高覺察意識的反覆觀察、反覆發現、反覆刻意練習新的方式，大腦便無法塑造走出一條新的知覺反應。

在修復重建的過程，需要我們鼓勵再鼓勵、接納再接納自己。因為清楚知道自己要往哪裡去，即使過程艱辛，會有崎嶇難走的路段，更會發生許多阻斷的可能，倘若你意志堅定、動機清楚，那麼唯一要做的是：往那個方向堅持下去。

生命要成長茁壯，需要透過知識的獲得，重新理解自己所受的遭遇，那些曾經發生在自己身上的經歷要被連結、接納及釋放，就像是從內在的地窖裡挽救出一個長期被禁錮的生命，給予他安全和可信任的環境，讓他真正放心，能站起來，好好吸進一口氣，體驗真正活過來的感覺，他會被看見和聽見，不再只能消音、沉默和隱身，也不再被漠視和任意對待。

重新思考

童年受到情緒暴力及肢體暴力的威脅，會使我們不斷受「恐懼」侵擾，大腦的情緒中樞——「杏仁核」不斷激發出恐懼，好使我們迴避危險，爭取求生的機會。由於幾乎是時刻被激發，大腦持續地釋放恐懼反應，讓我們真的以為自己是絕對的弱小無力，只能在別人的舉動和情緒、行為中，躲藏、噤聲。求生的防衛機制讓我們處於僵住、動彈不得，不敢有反應，以為這樣可以安然度過危險的時刻。

若要調整和改變這已成自動化反應的大腦神經迴路，需要先安撫，並試著調節抑制理性功能的恐懼情緒，恐懼非常激烈時，我們瞬間啟動的是哺乳類的生存本能，想要趕緊逃命。若沒有透過後設認知的訓練及反覆練習，理智無法在這一刻發生作用，參與情緒反應的運作；若能減緩在人際關係中自動化地呈現恐懼反應，減少無意識做出的討好和順應行為，避免在人際關係中習慣委屈及配合，就能漸漸地不再受激烈恐懼情緒威脅，而做出當下更適切的理性選擇和忠實於自我情感的決定。

梳理自我的練習作業

在閱讀此章的過程中，你是否有連結自己過往的童年經驗，你在原生家庭的處境，和被教養對待的方式，是如何塑造你討好的性格或行為呢？你可以寫下自己回想到的情境和記憶：

請寫下

那些你回想起的記憶，請再看一次那是怎麼發生的？在情境中那些人的表情和口氣，讓你形成什麼印象、產生什麼感受、經驗什麼情緒？請再次的連結那些時空中的你，不斷試著滿足家人、聽家人的話、努力地為他們的需要努力，在執行那些行為的你，現在的你會怎麼看待？對那個你，是否喜歡和接受？現在的你，會對過去的你產生什麼樣的評價和感受？有沒有什麼話，是你想對過去的你說的？

請寫下

當你重返記憶，連結到童年的經驗，看見自己存活的姿態和樣貌，還有那一直在等愛的內心小孩，有沒有此刻你所體會到的感受和感覺呢？你會想跟內心那個總委屈求全、等愛的童年自己說什麼呢？

請寫下

在以上三個探索問題的重新回看和整理後，希望可以進一步的讓你了解及覺察自己的討好歷史，是如何透過環境中與重要他人的互動所塑造而成的。

如果還有意願，也可以將幼年時的生存情境和生存姿態，往現今你與人際關係所形成的關係模式對照看看，是否看見某些情境的轉移和複製，也看見某些互動的結果反覆重現？

當你看見過往童年經驗所塑造的自動化反應，也進一步的覺察這種從小就形塑而成的生存姿態，你可以試著思考這些影響，如何塑造你的「自我價值感」和「自我認同感」。

童年成長過程，人際關係所造成的失落與創傷，讓我們個體的發展難以完整，自我也難以成長。我們需要透過修復、療癒內在自我，重建自我的價值和個體健康界限，重新建構新的關係互動方式，才能逐步建立平等而尊重的心理地位。

Chapter 2

觸摸討好原傷，走出心理迷宮

慣性討好者的成因各有不同，唯一不變的是，
討好者心裡都住著一個害怕被冷眼看待的孩子，
他們被凍結在某個造成毀滅性打擊的當下，
再也沒有長大過。
讓我們一起回到那個瞬間，穿越重重的防衛機制和恐懼，
拯救被留在過去的自己。

過度迎合他人，是自我價值的匱乏

如果你思考裡從沒有想過「我」，那麼在關係裡，你會成了最早遺棄自己的人，等於在告訴別人：「我不重要」，你所釋放的訊息，自然會讓人感受到你完全沒關係，甚至是心甘情願地這麼付出。

慣性討好的人，總是處處努力對別人好，然而他們的努力往往變成吃力不討好。他們竭盡心力的付出，並沒有如願得到期待的結果：被人喜歡和肯定，能在關係裡獲得尊重、認同和接受。

形成討好的人格，並不屬於人格障礙，更大影響來源是社會文化性的塑造，包括：男尊女卑觀念、群體壓力、社會比較和家庭教養方式等多因素所造成的。雖然不構成病態或違常人格，但卻會因為諸多的不健康行為，及隱藏、壓抑複雜的受苦情緒，而對自我造成傷害。

討好型人格的個體，傾向隱藏自己，重視別人，同時很希望自己能帶給別人良好的感受，所以常對自己提出包括：給予幫助、溫暖和照顧，或是順應別人的要求，希望別人能因此感受到快樂滿意，關係能呈現和諧愉快。

常見的現象之一，以討好作為生存姿態的人，不僅會失去底限，甚至根本沒有設限，他們內在的心理，對於自己重視且在乎的人，無論有沒有親屬血緣關係，都傾向一種「We are family」（我們是自己人）的渴求。

這其實反映出時常以過度討好來與人互動、維繫關係的人，在原生家庭裡並沒有得到被認同感和歸屬感，所以才會極欲用各種行為、方法，來向家人或是其他重要對象表現出自己的盡心盡力，能把事情做到盡善盡美，確保自己可以存在於家庭的資格。

我們行動所驅動的方向，通常就是我們內心在乎及渴求的。所以說過度迎合及在乎他人，是反映出自我價值的匱乏，對自己存在的價值感到懷疑且空虛，因此用為別人服務、重視別人，把別人視為生命裡的重要份子，希望能因此被他人接受、肯定，反饋存在的價值及重要性。

討好的假象

而討好可說是對自我生存沒有安全感的人，最直接的生存防衛策略，即使他們並不自知。在錯誤邏輯的推演下，討好者誤認為「討好」可以迴避及掩蓋許多他們害怕經歷到威脅和危險，我稱為討好的假象：

◆討好讓我們以為自己被需要。
◆討好讓我們以為自己很重要。
◆討好讓我們以為可以維繫關係。
◆討好讓我們以為不會與人衝突。
◆討好讓我們以為好心會有好報。
◆討好讓我們以為可以控制別人的情緒。
◆討好讓我們以為自己不在意、沒關係。

討好，有時候會以一種「捨不得看別人受苦」的反應出現。以為將別人的問題全部解決，對方就不需要受苦了，然而，那個對於「苦」的反應，往往都是自己主觀的認定，不是對方真的無法承擔。

例如：因為不想要對方搭車辛苦，一定要自己隨叫隨到，接送對方出門和回家，美其名是保護和照顧，實質上卻是自己的擔憂和不安，甚至投射在他人身上，覺得對方沒人照顧和在乎，是多麼孤單和淒涼的感受，自己若不去保護，就會引發強烈的內疚自責。

「捨不得某人受苦」是很複雜的一種情感反應，除了將自己的受苦經驗投射在對方身上，也呈現一種拯救者姿態，把自己供到必須有能力的位置上。往往會這樣做的，是從小就必須早熟的孩子，擔負身邊家長的照顧者，長期以來被剝奪自己的情緒和感受，只能做一個為別人擔負責任的「小大人」。

永遠將他人擺第一的小大人

當「小大人」當久的人，從童年時期就不能好好當小孩，也當不成一個獨立的成人。他就像永遠都要揹著一個娃娃，既沒有自己的需求、感受，也不能追求人生想要前進的方向，唯一的人生任務，就是一直揹著別人、照顧家人。

早熟的孩子不是真正的成熟，而是被剝奪當小孩的過程，提早化身為大人的角色，強迫自己承擔和符合別人的需要。為了生存的緣故，即使很多歷練還沒來得及經歷，能力也尚未真實的發展，就硬著頭皮去做，因此也養成後來慣性地強迫自己、滿足別人。

一個像這樣過度照顧及服務他人的個體，慣於把自己的主體去除、壓抑需求，若是回顧他的早年生命，或許可追溯到他被賦予一個「照顧者」的身分和角色，也就是一個空虛自我的開始。

可能是長女必須照顧比他年幼幾歲的弟弟妹妹；可能是家裡做生意，必須要幫忙父母的孩子；或是家中有生了病的家人，雖然自己年幼，但自小必須跟著主要照顧者一起照料患病的親人，也會讓他發展出以別人為中心的傾向。

另外，有些孩子在和手足之間的比較，不論是地位或排行，或是資質及外貌不及其他兄弟姊妹來的優異，常感受到被冷落與排擠時，也可能發展出討好的性格，以各種順應父母，勤快地聽命做事，甚至自動自發去解讀父母想要什麼幫忙，勤勞地去完成，來作為自己存在的價值。他們期待聽到父母稱許他們是：「最聽話的」、「最乖的」、「最討人喜愛」，來證明自己在家裡的重要性和價值感能勝過其他手足，得到父母青睞。

自小成為「照顧者」的小大人，無論是要照顧父母或照顧弟妹，表面上非常懂事和充滿責任感，好像也很受人依賴，但長期塑造和影響下，「照顧」的討好特質可能演變成控制型人格，總是不顧一切為人著想，甚至假想別人都是很無能無力的，若沒有自己挺身而出，生活就會大亂，於是出手干涉、一手包辦的情況就會不斷發生。

照顧者發展出的假性自我

以照顧者自居長大的個體習慣活在「角色」和「任務功能」中，是一種把自己「物化」的現象，不是一個能充分知覺、體認自我存在，意即有思考、有情感需求的人。不僅旁人疏忽他，他也漸漸疏忽自己，自小就處於心理需求被漠視的狀況：生活不安穩，照顧者的情緒不穩定，更不用說心理需求這回事，壓根不在他的生活中。

徹底地被排除了心理關照的個體，勢必會造成內在強烈虛空、無意義、孤單和恐懼。這樣的情況下，為了生存，必須成為假性自我，把真實的內在隱藏壓抑，做一個配合環境、努力求和，害怕被拒絕及疏離的「好人」。

強迫自己處處以環境中重要他人的想法為想法、感受為感受，盡力聽話、努力付出……透過把角色扮演好，滿足他人的期待，獲取關注及肯定。可是，在真實內在裡，卻始終是一個孤寂、不安、焦慮，對愛和肯定感到飢渴的人，怎麼也彌補不了。

再怎麼努力去得到肯定和關注，怎麼做還是害怕自己不夠好，覺得內在像個黑洞，怎麼都感受不到愛與幸福，只有滿滿的憂慮和不放心。

若是自我價值感遲遲無法從家人關係中獲得反饋，也始終處於得不到的情況，即使後來將這一份缺空轉移到其他對象上，像是伴侶、孩子、同事、主管或是師長，希冀能得到一份踏實的肯定和價值感，往往也無法如願，畢竟在還未真實面對自己內心的虛空下，我們重複的只是習慣的角色，和習慣的生存姿態，最後我們還是慣性服務、慣性努力付出，然後再得到同樣的結果：「為什麼他們都不像我重視他們一樣的重視我、在乎我？為什麼我做了那麼多，他們對我的反應好像越來越覺得我應該？」

沒有感受過被喜愛、接納及重視的孩子，因為情感的需求未得著滿足，內在長期處於空洞和匱乏中，造成自尊及自我存在價值感的虛弱。過去，我們透過極力要求自己討好，符合他人要的標準及認可，以為就有機會得到情感回應而不再落空，卻因此損傷成一個更大的破洞、更飢餓的匱乏心理，堅決不相信自己的存在是「好」的。

重寫自己的生命腳本

這種心理迷宮來自早年生命的設定，早已形成既定的人生參考架構和自我概念，你若沒有突破幼年時的眼光和知覺，還是會以幼年時的情境，看待自己的地位和不得不的生存姿態。既然是早年就形成的假設，就像是一種內在公式、一種個人邏輯一樣，你會怎麼反應、怎麼做、怎麼和別人互動，都已是固定的模式。**即使生命裡出現不同的人、不同的對象，我們還是會把這樣新的關係，互動成舊的腳本，再寫下同樣的負面感受結局。**

當你討好的根源是內心的孤寂和匱乏感，這樣長期飢餓的情況下，你會不斷想從別人身上吸取能量，想以他人溫暖的情感，撫慰內心的空虛寂寞。

所以，你需要學會傾聽自己心裡的聲音和需求，允許情緒說話和存在；辨識自己內心的需求和渴望；成為自己內在的保護者和撫慰者。我們的生命是有機體，不是機械，對自己有情有愛有滋潤，生命才能有好能量，陪自己前進。內心有好能量，生命才能強壯健康，內心飢餓，會讓人成吞噬的怪獸，還迷失了自己。

將「我」真的放進自己心中

如果你心中從未有過自己，思考裡從沒有想過「我」，那麼在關係裡，你會成了最早遺棄自己的人。一個遺棄、漠視自己的人，等於在告訴別人：「我不重要、我沒關係，你請便」，你所釋放的訊息，自然會讓人感受到你完全沒關係、沒意見，甚至是心甘情願地這麼付出。這不就成了很弔詭的處境了嗎？

你內心真正想獲得的重視和肯定，沒得到，卻換來別人覺得可以任意對你索求和要求。這當中的個人邏輯，是需要重新思考和修正的，重新編寫新的生命公式，這是你可以開始為自己做的。

過去曾經是早熟孩子的我們，若在後來的成長過程不放棄尋找自己、重新連結自己，還是可以把自己的內在沒有當夠孩子的心靈認回來，重新當自己內心的父母，用呵護及同理的方式，自給自足需要的愛的保證和連結。

在過程中，培養和自己親近可靠的關係，信任、理解、撫慰、允許和關懷，陪伴自己去挑戰從未感受過、允許過、體驗過的生活方式，包括聆聽和發覺自己的渴望和快樂。

並不是要一次全都滿足、或全都不再失落，重要的是允許表達和願意聆聽，不再如過去一樣，為了成為早熟卻從未真正發展自己的孩子，自我再輕易被剝奪、壓抑和禁止。

陪自己再長大一次

早熟的孩子，為了順應環境的需要，做一個不被擔憂的孩子，還身兼照顧家人，因此必須壓抑自己的需求，時常活在「我不重要」、「我沒關係」的缺乏中。

你若真心陪伴自己把童心重新體驗，自由而不踰矩、開心而不內疚，就能重新體驗生命的活力和創意，讓自己有機會發展完整及獲得滿足。如此也才能不會在生命的後段，因為總總的缺失和不甘心，開始想要別人來彌補，像個老小孩一樣的不再成長，硬撐的、勉強的力氣也不復存在，只想退縮回襁褓中，做永恆的嬰兒，以無盡的依賴來換取彌補和回報。

生命的成長過程，是學會用自己的方式和能力，重新對自己做到陪伴與照顧。解放禁錮的心靈，允許自己完整體驗生命的歷程，學習當自己內在具有愛且尊重的適當父母。

強迫自己付出，是害怕自私的反向行為

不用老懷著抱歉過日子，若你認為生命出生即是罪惡，人出生後就是為了來贖罪，必定要受苦吃苦，那麼自然而然就會編寫出這樣受罪人生。

過度的內疚感，來自過度的責任感。這一份責任感並非來自現實可達成的，而是來自道德倫理上的高理想、高要求，達不到時還會發生「道德性焦慮」，是佛洛伊德精神分析理論中所說的，來自「超我」的壓迫。

通常有這種高理想高自我要求的責任感，從原生家庭的塑造開始，個體就被不斷地歸咎責任，不分青紅皂白、不管三七二十一，只要發生任何問題，家庭就會歸咎於小孩身上，甚至把身為父母的責任，也一併地歸因於孩子沒有辦法幫父母處理和解決。

在年幼無知的情況下，孩子沒有辦法去真正釐清究竟什麼是「責任」、問題又該是誰的責任、誰才是真正需要擔負的人。只是如此被理所當然地要求，自然沒有辦法客觀合理地去面對所謂的「責任」。

這種情況下，當產生不符合別人期待中的理想模樣、無法滿足別人需求，「內疚感」就會在大腦自動化產生。這是屬於神經系統的反應，若被自身瞬間觸發的內疚感綑綁，便會動彈不得，無法自拔。

緩解罪惡感焦慮，抬頭挺胸地活著

這種心理迷宮的形成，有沒有發現，是你已經先認同了別人假定你的生命必會犯錯、必會成為邪惡之人。因為先設定你為惡，所以要用盡一生的心力來漂白，證明你為好，是聖潔的。

當你認同這樣的設定，可想而知，你要花許多力氣來證明自己無罪、無瑕疵，那麼最極端的作法，就是做一個事事讓人滿意、喜歡的人，讓人無可挑剔和否定。

如此不接納自己的本質和成為的樣子，只要接觸到自己，就會感到可惡、邪惡，處處害怕自己沒做好、有犯錯。這種罪惡感焦慮，慢慢會成為一種神經質，主掌你的人生，綁架你的主體，使你失去自由意志。

你生來就無罪，也不曾對誰有虧欠

如果真的看清你生存的應對姿態，你就會發現在這樣的設定裡，根本是達不成你要的完美無瑕，也不可能讓你真正地成為聖人。

因為這世上不論是誰，根本沒有人能界定出「聖人」或「聖女」究竟要做到什麼程度。是犧牲性命？還是讓所有的人願望實現？或是要做到別人做不到的程度？總之那個標準是無窮無盡的，隨著人們的幻想和欲望可以無限延伸、無限上綱。

如果你不自覺地期待自己活在高理想化的幻想中，那麼你真正要留心的是，究竟你有多厭惡和排斥自己？才會如此想要趨近你以為的聖人、高人、完人境界，來撇開你此生唾棄和嫌棄的自己？

人要能在此生，慢慢地體悟生命的心安理得，不用老懷著抱歉過日子，不自覺認定自己「有錯」，這需要你調整看待自己的眼光。

若你認為出生即是罪惡，人出生後就是為了來贖罪，必定要受苦，當然自然而然就會編寫出這樣受罪人生。

然而，你需要審視這樣的設定，設定既然是設定，就能重新調整和編寫，若你沒有放棄編寫生命腳本的權利，不是一切都訴諸被命運決定的話，那麼就由你親自做自己的再生父母，做一個能夠以愛和正向的眼光看待自己這個生命的友善父母，重新孕育自我，培育自己成為一個對生命有情有愛、有信任有支持的好父母。

以為表現完美，就不會討人厭

究竟有多不認同和接納自己，才會迷失在追逐別人的稱讚和誇獎中。從另一面看回來，你多追求完美，多想討好所有人的期待，就有多害怕被討厭，而這正顯示了你有多麼不接受自己。

在上一篇，我們總結出在當你想趨近自己以為的聖人、完人境界，是不是多少反應出你多想撇開唾棄和嫌惡的自己？本篇更聚焦談論，討好的性格和行為表現，其內心總有一種對完美世界的幻想，包括幻想自己能夠完美無暇。

這當中顯露出一種天真虛幻的個人邏輯：「如果我很完美，那麼所有人都會喜歡我」。

從幾年前開始，《被討厭的勇氣》一直是暢銷書排行榜的發燒書籍，這是作者岸見一郎以阿德勒個體心理學的理論作為基礎，和古賀史健共同創作出來的一本生命哲學探討書籍，著重在現代人的困擾和人際關係的煩惱，其中一大困擾就是「被討厭」和「為了獲得被接受而產生討好行為」，久而久之迷失自己，對於成為完整的個體就更顯困難。

《被討厭的勇氣》一書可說從日本就受到熱烈迴響，來到台灣更是興起熱烈的閱讀潮。

坦然面對被討厭，是一生的課題

任何的暢銷書籍，能成為暢銷，除了作者們的創作力和獨到見解受到矚目之外，每一本暢銷書籍都隱含著「社會脈動」和「大眾需求」。如果從這兩個觀點來思考《被討厭的勇氣》主題隱含的亞洲人際關係現象和文化，或許我們可以這麼說：亞洲的社會人際互動，許多人都困擾於不知道如何能被接受，也深怕被討厭的感覺，很希望能找到解脫。而若能從學習《被討厭的勇氣》開始，對我們來說，或許獲得內心渴望已久的自由自在，會是一件可能實現的期待。

這是一種屬於個體和群體之間相依相斥的矛盾。個體需要群體，若沒有群體，該如何在社會上生存及運行？但當個體非常需要，甚至依賴群體時，就會感受到被群體左右、擺布、支配，或產生一種束縛和被剝奪自主的感覺。

「害怕被討厭」算是生物本能反應，畢竟我們都知道一旦被討厭了，與群體連結及相互依靠的需求就會遭到破壞，不僅得不到群體的認同和接受，也直接間接地影響到個人生活資源。畢竟，個人的存在需求，還是有一部分要從社會及群體中獲得的。

所以我們不可能徹底地去除「害怕被討厭」，所謂「被討厭的勇氣」在運用上，還是要採取分層方式。也就是去試著區分，被哪些人、哪些群體討厭也沒關係，或是可以把在乎程度降低；而哪些人我希望被對方所認同、被重視，不希望被討厭，那麼就需要積極地去學習與人健康互動的能力和正向溝通技巧。

單憑個人的本性和喜惡，不顧別人感受和反應，要不被討厭，真的要靠別人的包容和諒解。但是別人的包容和諒解能用到幾時呢？沒有雙方共同維護關係的品質，也無法雙向有效的溝通，關係勢必都會走到山窮水盡，枯竭貧乏的一天。

有多少人正在自以為是的付出？

有許多人在幼年時期，的確沒能從家庭環境經驗到良好關係互動的方式，對於建立關係、維繫關係和促進正向的關係，簡直是一無所知。對關係溝通的無知，可能讓我們單方面主觀的認定「只要我做到……關係的那個人就會喜歡我、接受我」的假設，而拚命努力進行單向的付出。

你會看見很多人在建立關係時，都是這樣單方面主觀的自以為，而不是從真正的認識對方開始，嘗試和對方真實互動和對話，來達到更多相互了解。

像是自認為對方應該會喜歡，而精心買花、寫情書、安排活動、安排餐點、準備禮物等……但其實這樣費盡心思安排，可能離對方真實的喜好很遙遠。到頭來，自己做了老半天、花費許多時間心力，還得感受對方的失望及不在意，豈不是很失落、難過？

越是活在自己單人世界的人，越容易出現這種自以為的完美想像。確實，人之所以喜歡幻想，甚至迷戀幻想，不就因為可以離開現實，不會有現實世界中常出現的失望、失落和不完美。

對世界（包括對人）有極度完美和理想化的期待，這種執著現象皆存在於兒童心理，然而，有些兒童漸漸能體認到現實世界的影響和衝擊，為了生存，獲得活下去的機會，有些孩子會很迅速接受現實、面對現實，學習和現實妥協，卻不損及內在核心價值觀。

若失去立場，終將迷失在外界的眼光

有些孩子不論現實世界如何的衝擊及影響著他們，都不願意妥協，因而形成更強烈的反叛，以激烈抗議的方式拒絕現實世界的存在，他們以一人之姿，力抗巨大現實世界的殘酷，卻也可能因此走向激烈的自我毀滅。即使沒有到毀滅自我的地步，造成的內在錯亂和對立衝突，也是常見的現象。

還有一類孩子，抗拒現實世界，特別是無法適應和接受他覺得不美不好的事情，所以寧可活在自己的想像中，幻想一個他認定的完美世界，有一個完美的他，沒有任何挫折、恐懼和失落。

但畢竟人是活在現實世界裡的，若要把這種完美主義及幻想運作在生活中、關係中，那人會如何做呢？他就會以一種強迫性的自我要求，去追逐外在環境的讚賞和肯定。然而，外在環境的讚賞和肯定是不穩定、常有變化的，為了要成為完美的人，只能不停追求那些群體期待的標準。例如：當聽到某個人好厲害、好棒，或好美、好有氣質，就會處於一種「我也要做到」、「我要成為這樣的人才行」、「我怎麼可能會輸、會做不到？」，這種別人好我也要同樣的好，所有人有的優點和優秀之處，我也都要有，這種反應正顯示：你根本不了解和不認識真正的自己究竟是什麼樣子、有什麼特質和才能。只要聽到別人被誇獎、稱讚，就怕自己不是那樣，好像要被忽視和否定了，害怕是不是自己不被喜歡和注目。

這樣的反應背後，究竟有多不認同和接納自己，才會迷失在追逐別人的稱讚和誇獎中。從另一面看回來，究竟一個人有多無法承接自己內心的失落和脆弱，才會如此害怕不被接受和不被喜歡的落寞感。

你多追求完美，多想討好所有人的期待，就有多害怕被討厭，而這正顯示了你有多麼不接受自己。

你是過度執著的完美理想主義者嗎？

這種心理迷宮的形成，來自對於完美理想的偏執。也就是在心理統整上，發生障礙，無法接受及調節任何無法接受的情況。偏執的人，通常同時具有自我中心傾向，常以主觀角度看待周圍人事物，不論是對自己或對社會的評價，都難以發展換位思考，無法客觀地評估和分析事實。

有些研究顯示自我中心及偏執反應的人，和缺乏母愛及過度被寵溺有關。也就是無法從和主要照顧者的關係互動中，學習和經驗分化完整獨立的自我，從互動中了解自己的「我」和重要他人的「我」，如何在關係中真實互動、建立真實情感，以相互安心安穩的存在，經驗在一起的情感連結和心理支持。

因缺乏雙向關係互動，很少真正和別人交流和對話，在關係裡只有自己單方面的想像、猜疑和認定，長久下來，人就會缺乏客觀轉換思考面向的能力，也無法進行基於事實的理性辨識和判斷。

給予自己喘息的空間

對一個只能存在於自己世界幻想的人，對於接觸這世界的真實以及面對失落和不完美的發生，也就格外適應困難，無法接受這世界不完美的存在。畢竟人要能有成熟力，才能承接失落和失望的內心衝擊，調節起伏的情緒感受，而不因此擊潰自己的所有價值，以致內心的核心價值崩塌。

若你是一個成人了，那麼試著練習你的彈性度和調節力，而非是固著地以自己幼年的幻想來想像這世界的完美，以為世界的不完美，是來自自己不完美，然後強烈地抨擊和責備自己，強迫要以自身完美來讓自己的世界完美。這樣的運作模式，不僅鞏固了內在強迫思考和強迫行為，也讓自己處於焦慮不安情緒中，受盡折磨。

雖說內心對自己少有愛護情感的人，會對自己做出折磨的行為，像是對自己冷漠、忽視內心感受、漠視自己的需要，這都是可預估的情況，但在還未能對自己產生足夠接納、關懷及包容情感之前，若能對自己的痛苦稍微有些連結和同理感受，基於對生命的愛護，還是要把折磨自己生命的行為停下來，嘗試去對痛苦的自己，給予仁厚慈悲的疼惜，我們才有可能真的領悟「愛自己」的內涵是什麼，不再以為必須無盡追逐完美、高理想，才能證明自己值得被愛。

不敢承認失落，固守在原地的執著心靈

如果別人已經預料到你無法承受失落感受，害怕失落發生，那麼對方也可能利用及操縱你的無助和恐懼，來進行更多對你的濫用及支配。

上一篇談到偏執及自我中心傾向的人，執著自己理想中的完美，不論是一個完美的自己還是應該要有一個完美的世界，導致特別困難去接納任何覺得不完美的失落和失誤。這一篇我們要更多探討這種執著所產生的效應。

在親密關係中時常處於討好狀態的人，身上都有這份特質：不敢也不願承認失落。這種執著是非常牢固的，彷彿只要承受一點失落感，都會要了他的命。

若是不停用討好來避免經驗內心失落，企圖用各種行為去控制別人進行你所期待的目的，不論是接受、喜歡、與你要好、認同你、肯定你……都會導致後來的關係變質、惡化，而你想要建立好關係的那個人，只會更可能排斥和拒絕，因為沒有人喜歡被控制和死纏爛打的感覺。

基本上，這是在進行無效和無益處的行為，甚至可能給別人虐待和傷害你的機會，**如果別人已經預料到你無法承受失落感受，害怕失落發生，那麼對方也可能利用及操縱你的無助和恐懼，來進行更多對你的濫用及支配**。

如果你發現了某個人，他並不珍惜你，卻非常珍惜另一個人，那麼，你其實不需要去爭、去吵、去緊迫盯人，而是要好好地明白，這個人不是不知道怎麼珍惜人，而是他的珍惜不是給了你。

那麼你要做的，不是硬強求對方來回應你的重視和在乎，而是去感受和發現誰是真正珍惜你的人。

你若執意要求一個不珍惜你的人，回應你的付出和努力，並以此要脅對方一定要回報，那麼便需要思考，如此一廂情願的給予，究竟是讓你真實感受到愛，還是更感受到糟蹋和委屈。

為何讓自己留在委屈和糟蹋的關係？

就我們心智設定的制約和框架來說，**或許你太熟悉這種求不得、要不到、不被在乎的感受**，以致於不停地走向相似的情境，和錯誤百出的對象來往。**這是討好的人內心的傷痛，越害怕得不到，越會往得不到的人身旁去努力、去追求。畢竟你內心的傷未癒，所以只能帶著心理的傷痛反覆和錯誤的對象相遇。**

你可以練習走開，離開一個會讓自己感到傷害和痛苦的人，而且越遠越好。**但為何你走不開？因為你以為只有「忍到底」、「撐到最後」，就一定會勝利。**若是所有人都離他而去，他終究會「想起來」你才是一直沒離去，始終忠誠地等著他，等他發現你的好，不離不棄的那個人。這種執念會把你深深綁住、套牢。

想要一個不離不棄的人守候，是你的渴望，但未必是他的。

這個劇情熟悉嗎？你是否會在原生家庭裡看見這樣熟悉的情節？又或者這是你曾經等待所愛的至親的心情，希望他們再怎麼不珍惜、不重視你，仍然會看到你的不離不棄？發現你才是在身邊最忠誠守候、對他們有最深感情的孩子？

你若能好好看看自己，就會發現自己那顆心多想要愛；想去愛別人、想要別人愛你。你的心多麼善良又天真，想要以忠誠勇敢的作為，作為你想要為愛奮鬥到底的決心。

但是，你知道自己無意識在上演一個悲劇的故事嗎？一個人不懂珍惜，從未真愛過你，又豈是看你的行為，收集夠多你的付出，就會回心轉意認知到你才是那個「最愛他的人」？

不愛你的人，他的愛是無法因為你做了多少「感動天」的行為和付出，就會改變心意的，就算是一時被感動，也會很快消逝。你若真的認識他，便會明白他也有他的執念、有他愛的渴求對象、有他的人性和現實問題。

因為付出了，所以捨不得

如果想用自己的付出和給予，讓對方產生虧欠，而被迫接受你的愛，那一份關係也不會是確實建立在愛之上，而是建立在虧欠感和回報的知覺上，終究關係是無法親密、信任和坦承開放的。

強求拉一個人進入關係，那種強迫和壓制，勢必也會讓關係緊張而不健康。健康的人是不會折磨和傷害另一個人的，除非我們已不健康，而進入一段不健康的關係，然後不停重演不健全的情感經驗，直到消磨殆盡。**你真正要做的努力是，做對自己那個不離不棄的人，勇敢承認錯愛了人，並學會擁抱自己。**你要深刻明白，用感動人心的方式來獲取愛，終究淪陷於討好和委屈。帶自己修復情感，我們才可能真的走向健康的情感關係。

如果你執意去和匱乏的人索求情感、討愛，那麼，真正的問題已不在對方，而是在你身上。

為什麼你非要和一個沒有能力回應你、給予你情感和重視的人，討那份愛，以致讓自己無限討好呢？**是認清這個失落的事實太痛苦？還是你不想承認自己會誤判，不想經歷所謂的認輸？還是，對你來說，因為沒了這個人，你就不知道還能擁有什麼關係、什麼歸屬，所以即使眼前的這個人只是濫用你、剝奪你，自己也絕不承認被錯待、被不當一回事？**

你若靜下心深察，就會慢慢發現你只是害怕重複小時候覺得最痛苦的事。小時候覺得沒人要你、在乎你，現在若眼前的這個人也不要你、拒絕你，就好像要再像小時候一樣孤苦無依，沒人關心。

但你只是忘了自己已經長大了，內心還困在小時候的失落感中，再一次被內心的痛苦恐嚇，拚命非要自己阻止任何再發生的失落。其實失落早發生了，不是你拒絕承認、否認事實，失落就沒有發生。

一切都在你的一念之間，你不承認和承接內心的失落，就無法學習撫慰和安慰自己，還會一直執著於要表現好、討別人歡心。

若你承認了，那麼就像緊握的拳，鬆開來了，你可以經驗放下和輕鬆，試著去感受這樣的感覺，即使心痛也能流淚安慰自己，承諾陪自己走出一條開闊的路，不再受困於他人的錯待裡。

執著的不是「我」，是身體的自動防衛機制

這種心理迷宮的設定，是在關係中在體會到失落的感覺前，個體的防衛機制會立刻運作，採取絕對不接受失落的反應，而努力再努力地要用各種方式想讓情勢扭轉，達成他想要的結果或目的。

從這個現象來觀察，就會了解為什麼有些自認為姿態很討好、竭盡一切努力付出的人，卻讓人倍感壓力、很想迴避，甚至採取不應不理的態度。因為對討好者來說，他不願意接受失落的發生，把別人的反對或拒絕，都視為一種會觸發失落感的危機。

而失落感就是童年負面經驗裡非常巨大的痛苦感受，也可能觸及內心深層的創傷，因此他形成了強大的防衛機制：絕對不允許任何失落再發生，想要避免再度經歷受苦和受傷。

然而，如此強大的防衛能量，用盡一切的力道就為

了要扭轉情勢達成自己的渴望或目的時，別人只會在這個過程中感到被迫、被決定，甚至被威脅和控制，反而更想逃離和迴避。

當你對關係的動力慢慢認識和了解之後，你會發現關係是動力，是兩個人之間的互動風格及模式所共構而成，人都希望在關係中自在輕鬆，也希望在關係中得到依靠和安心，若只是用討好的方式獲取關係，進一步控制關係的呈現，以人的本能和人性來說，是不可能真正覺得幸福和快樂的，而你也只會在越討好的過程中，越感到受傷和委屈。

面對失落感，學習與之共處

所以，請試著去接納人生會有失落。在失落中，好好安慰自己難過和傷心，相信自己能調節、能包容這一份失落的體會。不需因為失落的發生，就歸咎在自己「可憐」、「沒人愛」、「我不夠好」，這樣的歸咎，是對自己的敵意和暴力，並且是錯誤的將人生裡人人皆會經歷到的失落體驗，自我誤解為自己的失敗。

失落是什麼呢？失落是當我們用心用力的投入，對人事物有一定的期待和渴求，當期待和渴求落空，無法實現時，我們就會產生的感受。若是來自關係的失落，我們會感覺一種心碎和沉重的哀傷。然而，這些感受和體會，都不是為了要讓你傷害自己。

雖然失落感是沉重的，也會讓我們誤以為自己很糟糕、不值得獲得重視，但這些扭曲的評斷都是因為負面情緒的發生，沒有得到確切的安慰、支持和陪伴所導致的自我攻擊。

即使我們有所失落，事情不如我們的預期和期待，對方無法回應我們的渴望，這些確實都會讓我們感受到墜落的心情，但是，我們還是可以即時接住自己，告訴自己雖然很難過、很遺憾或很傷心，但我們可以陪伴自己慢慢體會和消化，漸漸走到撥雲見日，重新看見人生的新方向，往前出發。

若是抗拒失落，我們就會以強大的力道，想以控制外界、控制他人照我們期望的念頭去進行，即使以暴力恫嚇、威脅，甚至傷害都在所不惜。

那麼這個情況，只會讓失落感被壓抑或拒絕，**以更大的防衛自傷傷人，也徹底傷害關係、毀滅關係**。

成長的過程，我們都在重新認識失落，也學習與失落和平共處的方法。放下對自己的暴力，不因為失落的發生，就對自己更加下重手。如果你可以連結，就會慢慢發現你對自己失落的拒絕，就如小時候父母師長對你那般，甚至以貶抑和歧視對付你，以致你從來沒有在失落中得到安慰和接納，也從未有溫暖的理解和支持。

然而這才是你內心真正需要的療癒，是讓你雖然難過卻不受傷最重要的溫柔。

焦慮於他人的失望和埋怨，以為都是自己不好

人很難發現，真正綑綁自己的，是過往未經梳理消化的淤積情緒，特別是痛苦未癒的經驗，只要再次碰發，就會被過去的痛苦再次綁架。

有些人真的太害怕被不滿意和埋怨的感覺。最主要原因來自，埋怨和不滿會高度觸發我們童年糟糕的負面經驗。像是常被辱罵、批評、責怪，對孩子的身心來說，當環境充斥著負面的訊息和能量，等於是不斷地讓他遭受攻擊，他必須激起恐懼或生氣來防衛自保。

但是有誰想要無時無刻都處在焦慮、緊張、擔心被攻擊的環境呢？不幸地，處於這種家庭環境的孩子沒得選，只能一直被大量的批評和不滿意折磨與侵擾，一直到情緒的激發成了神經症的反應，大腦的神經迴路自動地就會在他們聽到負面批評和否定的訊息時，觸發大量的負面情緒，糾結混亂龐大的在內在爆炸。

高壓教育，讓孩子變得更怯弱

這些不斷承受被糾正和批評的孩子，可能有一對具有完美主義傾向的父母，不僅神經質、極具控制欲、自我中心，同時幾乎難有孩子的情感所需求的重要元素：同理、撫慰、包容、支持和關愛。

在這樣的教養下，父母在情感上很難真正的支持孩子、鼓勵孩子，反而是不斷地以自我優越地位的口吻對孩子說話，那種口吻聽起來孩子像是受訓練的選手，要符合身為教練的父母所傳達的各種要求和命令。

孩子年幼時，身心安穩的成長需要透過環境和主要照顧者的穩定來提供和形成，若從孩子開始有認知能力，大腦就不斷地接收不被滿意，不斷遭受挑錯糾正，那麼孩子的大腦神經發展就需要隨時緊繃，日日夜夜緊張害怕，那麼這對身心發展，便會造成一定程度的抑制和損害。

幼年的高壓環境、高情緒張力的教養方式，都可能對兒童造成負面的身心衝擊，身心方面的病痛、情緒混亂不穩定、人際關係建立障礙等等現象都會相繼發生。這方面的研究已有越來越多的實證，從大腦的發展及變化，看出一**個在高壓環境中生長的孩子，就像是大腦不斷處於發炎狀態，發炎中的大腦又如何能維持正常運作呢？**必然功能下降，長期下來也會引發身體其它器官的損害。

最大的影響莫過於精神很難安定沉穩的神經質傾向，對小錯誤過度敏感，也會產生難以調節情緒的執著反應，對於挫折和失落的感受都會放大，而變得更加脆弱而受傷。對於自己的行為只要有一點不符合理想的設定、不如自己預期，都可能給自己嚴苛的批判和羞辱。

我們在孩童時期學習各樣生活能力，都可能會遭遇困難和挫折，不可能什麼都十全十美，即使再聰明的孩子，都有可能面對的挫折和困難，沒有經歷過寬容及接納的孩子，無疑在失落和失誤的挫折經驗裡，少了許多情感被撫慰和調節的經驗。這樣的孩子長大後，面對更多不同的人生挫折及失誤，就會很難對自己有情感，也就很難調節情緒及接納自己，因而不斷地陷落在自責和罪疚的深淵裡。

了解原因，才能真正解除焦慮

若你什麼都想做到最好，非常焦慮他人不接受和不滿意的反應，那麼，或許我們可以靜下來慢慢地感受，自己心裡湧現的究竟是什麼樣的不安？

在這些不安裡，或許都參雜著害怕面對他人的不滿意情緒，也害怕面對一個「不夠好」的自己。

你若有這類傾向，無法面對別人的情緒，很容易覺得別人的情緒起伏都是因為你做不到對方所期待而引發，那就會引起自己強烈的焦慮和自責，害怕讓別人失望和不悅。但是你要稍微注意，你所慣用的應對是配合和討好，不是真正去了解對方情緒的發生原因，也不是理性客觀地理解別人情緒引發的脈絡和歷程，在缺乏更多了解及認識情況下，就會很容易覺得被別人的情緒威脅或攻擊。

就像是我們小時候，還沒有能力去明白弄懂大人為什麼要常常生氣、罵人、怒吼，但看見他們變臉了，口中振振有詞地對著我們說：「要不是因為你……我也不會……」，我們就真的接受了這樣的理由：「喔，原來都是我們沒做好、沒做到，才會造著大人那麼生氣火大，那麼不高興。」

在家庭環境或成長過程若常遭遇批評或不滿，對於他人不滿的情緒也會因此形成過敏反應。也就是過度敏感，覺得這是絕對不可以發生的事。畢竟對年幼的我們而言，大人不滿意的情緒都是很可怕的經驗，內心多少留下影響一生的陰影，也就常陷於無能為力的深淵中。

有這樣的困擾，認為在關係裡就應該要讓別人喜歡和滿意，或是至少不要讓別人不高興、失望，那他為自己立下合理的個人界限就會產生障礙。

因為他在乎的重點不在自己的界限維護，而是更在乎必須清除那些讓他感受到威脅、感到焦慮的情緒，於是拚命努力配合，極力避免任何讓人有意見或讓人不滿的地方，不管他人說的合不合理，所要求的是不是有必要符合，當他被激起害怕不安情緒時，只會想趕緊做到做好，來解決內心害怕自己不夠好，怕被淘汰和攻擊的焦慮。

解開心理的迷宮

如何掙脫過去的負面反應

人很難發現，真正綑綁自己，讓自己動彈不得的就是過往未梳理、未消化的淤積情緒，特別是痛苦未癒的經驗；關於弱小的、無助的、孤單的、受傷的……等等感受，一直壓抑深藏在我們內心深處，只要再次碰觸到內心熟悉的受苦記憶，我們就會被過去的痛苦再次綁架，再次掉入過往的那個受創時空中，再經歷一次恐懼、焦慮、無能為力。

我們在自己設下的心裡迷宮中，要試著看清楚自己的設定，是什麼樣的前因後果所產生的情況，讓生活反覆的好像時空倒轉，總是掉入過往的挫敗中，再一次的被挫敗的遭遇傷害。

在這種別人一旦有失望反應和評價，自動化地就以為「都是我不好」，我們要試著反駁及推翻那樣的自動化反應，給自己平反的機會，質疑為什麼只要有人有意見、反對或不喜歡，就代表是你的錯？就是你不好？

你要知道，**當你這樣設定時，你只會相信及接收那些批評你的聲音、看重那些否定你的人，想辦法要讓他們另眼相看，卻始終忽略這世界上也有人肯定你、喜歡和支持你，卻怎麼也得不到你真正的重視和信任。**

這就是大腦的奇妙，我們的認知判斷及擷取的外在資料，皆來自心理的信念系統，人只會主動地去擷取內心深信不疑的事。當你相信什麼都是你的錯，別人失望和不高興都是你不好時，就會全然收進這些滿滿的否定和批評，持續地活在「我是不好」的自我誤解裡，然後反覆地憂慮又要被失望和否定，接著無限循環下去。

除非你願意開始質疑和反駁別人的意見，就算不善於爭辯和對抗，也要能練習為自己在內心思辨和表達。先站在自己這邊，當自己的支持者，試著為你的立場和作法抗辯，即使是在心裡進行，也不要放棄，因為這是你長出自己力量的開始。

空虛和無意義的存在感，讓人貪戀關係

礙於自己所渴望獲取的存在需求尚未真實累積，還是時常害怕空虛和寂寞，個體仍是會漠視被得寸進尺的事實，甚至給予一些合理化的藉口。

整體來說，雖然形成慣性討好的因素各有不同，所表現出的行為特徵也略有差異，有些討好者重視取悅別人，想對別人好；有些則是努力為別人解決問題、服務別人；還有一些討好者反應在順應和依從，把別人的指令和要求視為必須達成的責任。

無論形式是什麼，對於自己存在的根本價值，還是建立在有條件式的價值上，也就是當自己「沒用」、「不被需要」、「沒有被稱讚」時，就無法確實地感受到自己的生命價值，懷疑自己在這世界上可有可無。不只對自己存在感到極度不安心，也不相信自己的生命可以得到認可和歸屬。

這多少來自童年成長的挫折，還有愛及集體認同（家人、同儕、社區）的缺乏。生長在童年負面經驗的孩子，身心狀態長時間處於負面刺激和受威脅的情境，許多原本可以開放對外連結和探索的天生能力，反而造成封鎖和限制。

他們不能自由自在地探索及發現這個世界，也失去很多學習的機會，就像是關在密閉空間裡的生命，限制自主的行動，也被剝奪體驗的機會。更多時候，在受肢體及情緒威脅的情況下，只能縮小自己、隱藏自我，以為自己只要不存在了，不要讓照顧者發現他的存在（只好躲起來），那麼他就不會在被發現後，又要遭受一陣可怕的遭遇。

對親密渴望的共依存，是把雙面刃

常聽話，要成為乖巧的孩子讓父母喜歡，或不造成父母的麻煩，被這樣要求的孩子非常容易發展成討好的應對姿態。

對於非常渴望被愛、被喜歡，想和父母的關係緊密不分離的孩子，為了不要被父母遺棄、遺忘，他們會努力做父母的小幫手，貼心懂事地做好許多事，不僅想讓父母放心、省心，也想讓父母因為需要，無論大小事必然都會跟他們說，就能保持和父母關係的緊密。也許潛意識裡，甚至投入想和父母成愛侶或閨蜜那樣密不可分的關係反射，無話不談、無事不說，就連心情感受都一定要彼此相通，沒有保留。

只是這種緊密，就像是黏著劑，從幼年開始就緊密黏著，無論身體距離和心理距離都非常渴望親近父母，過於緊密和雙親相連，必然未來發展獨立個體的過程中，就會遇到阻礙和抗拒。當雙方都太習慣依賴彼此，產生無法面對分離發生的迴避態度時，再也放不了手、分化不了生命的個體性。

長久下來，緊密相依存的親子關係，幾乎沒有經驗和處理過分離和放手的人生課題，隨著時間的推展，彼此也只能更多地依賴對方，更害怕放手和分離。而如此共生共依下，當某一方的生活及照顧需求，都由另一方承擔和供應，這原本想證明自己能夠承擔、能夠幫忙，並照顧好對方的自我要求，就會成了過度努力及過度承擔的沉重負荷。

將自身存在意義寄託於他人者

我們其實不難看到對於自己的存在價值充滿空虛的人，往往都需要藉由關係來讓自己依附，討取自己需要的關係回饋，透過關係存在，才能感受自我存在感。而**他們從關係體認自我存在的方式，是以對方的感受和需求當作自己的主體，也就是本質上他們還是虛空的**。

但是當他們感受到別人的情緒、需求、煩惱、憂慮時，把那些不屬自己的感受裝進自己的內在，**把那些別人產生的反應，作為自己的反應，甚至隨著對方的情緒動向起舞**，這會讓他感受到自己是確實存在的，藉此覺得關係緊密連結而覺得實在。

越空虛的人，越想占據別人的人生，把別人的人生當成自己的，然後努力付出、張羅，讓他在自身生命的空虛和無價值感中，鬆一口氣。

所以為什麼那麼多人，要拚命去找可以讓他轉移注意力的人，去投入情感、付出心力、為別人的需求而忙，**這些能讓他們覺得找到事做了，有人可以付出，不會那麼心慌和寂寞**。

但問題還會漸漸發生的，當這樣緊密不分離的關係，其中一方基於一些因素而必須要分離，無論是長大要離家了、或是生病過世了，又或是其中一個人的自我開展了，想要一個人去經驗人生，這一段早已分不清楚你我的共生關係，就必須面對分離和改變。

往往當中最害怕面對自己的存在無意義感的人，產生的掙扎和拉扯會特別激烈，拚命地希望不要失去關係，不要歷經改變。

四種基本需要被滿足的內在需求

我們身為人，當然有許多內心重要的需求，需要透過關係去經歷去獲得，但去經歷不代表要過度依賴，去體會感受不代表要貪戀。關於我們的個體存在基本的內在需求，都需要在童年透過親子關係或照顧撫育的關係中去經歷，這些內在需求包括：**安全感**、**重要感**、**受尊重感**、**被接納感**。

這些重要的內在需求，雖然我們可以透過自我習得跟練習漸漸也在自己內心中產生，但在充分地感覺到自尊、自我接納及自我肯定之前，能從重要關係中經驗，是最能讓我們自然養成自我肯定及尊重自己的存在。

但確實有人在獨立轉化中卡關、受到阻礙，**他們很想從關係中獲得這些內在需要的安全感，卻無法發展為內在的安全堡壘，內化為對自己生命存在的肯定和支持，以致於他們要不停反覆地透過「重要關係」獲取。**

以一個比喻來說明，就如我們出生早期，都需要透過被餵養得到溫飽和照顧，但有人卻沉迷於被餵養時的溫暖和舒服感，遲遲無法由自己已經成長的身心能力來自主吃飯，還是渴望想趴在母親身上，吸吮源源不絕的奶水一樣。

有些討好者其實是貪戀及渴求那種依附在他人身上，獲取內心渴望的溫暖及存在感，為了能一直擁有這樣的關係，於是先為這段重要關係付出自己的全心全力，如此才有機會從這段重要關係的他人身上，獲得想要的情感反饋。

即使後來有很多事實證明，這一段重要關係的他人也只是要汲取和濫用，並沒有能力跟意願去反饋給別人感謝及珍惜，但礙於自己所渴望獲取的存在需求尚未真實累積，還是時常害怕空虛和寂寞，個體仍是會漠視被得寸進尺的事實，甚至給予自己一些合理化的藉口，說服自己要繼續付出和提供對方要的，直到對方能夠感受到自己為他做的是多麼不容易的事情。

或許我們可以這麼說，人都需要關係，但人也需要發展自我，當人以全部的心思和能量投入關係時，那麼我們要問，那他的自我去哪裡了呢？

當人把自己的自我壓縮或摒除時，把關係的他人當成自己的人，是不是太害怕面對自己呢？為了不留任何時間給自己，是不是就必須不斷關注別人，把別人當作自己呢？

這樣說來，內心要多虛空的人，才會如此貪戀關係、貪求關注？

練習與群體關係良性分化

人的成長，雖然需要群體關係的照顧、幫助和資源提供，但這都是為了培育一個人的獨立成長，能在未來成為一個自主、有能力和自我負責的人。所以需要群體或關係是在我們發展過程，不可抹滅的需求。

但若眼睛全神貫注的只有關係的對象，不擅於回看自己，也體認不到自己的存在，那麼在他的生活中，就只能依從著對方行動，對方要做什麼他就做什麼、對方安排什麼就跟著進行。社會上確實有些人的特質比較偏向追隨者、順從者和執行者，所以不太有主張和個人意見，也不傾向聚焦在了解自己的想法和感受。但生活、工作或是學習中，若無法嘗試練習表達個人的想法和感受，也不練習說出自己的意見或觀點，那就無法從這些經驗中，發展不熟悉的新領域。

對女性來說，我們無法一直能找得到對象來順從、依賴，要對方負責，像過去的時代要求女性三從四德，其中三從：「未嫁從父、出嫁從夫、夫死從子」，將女性置於必須依從和依賴的角色位置，一生以男人為天。這千年傳遞的古代思維仍影響著現今時代的女性，過去的女性被這樣塑造命令，成為主體被剝奪者，然後時空一轉，也將這樣被剝奪主體的思想觀念傳給了下一代。

失去依存對象，我依然還是我

所以這個集體文化的中心設定是什麼呢？你發現了嗎？這個集體文化一直在釋放一種「一個人是很孤單無助的」、「沒有可依從的對象你人生會完蛋，很可憐的」、「靠自己獨立生活是不可行的，只是悲劇」，這些集體意識，不僅讓父母養兒防老，只為避免自己孤寂終老，不然就是限制兒女的人生發展，只為了讓兒女不要離開自己身邊。而子女們呢？也同樣活在若是離開父母身邊，一定無法處理很多問題，一定會面臨很可怕的恐懼和孤單的焦慮中，還是無法隨著成長的發展，歷練和父母分開的不安感，即使那種緊密已經讓彼此拉扯、糾葛及疲倦不堪。

若要終止自己的討好慣性，不再重複於關係裡越討好越受傷，那麼你需要練習和父母、原生家庭的分化，但不是急著去找一個對象把自己的焦慮投往他身上，又複製一段猶如和父母親互動的關係在那個人身上。

如果有能力足夠養活自己，那麼可以給自己一、兩年的時間學習獨立自主的生活，有意識地學習及體驗承擔自己一個人生活所會經歷的大小考驗及各種滋味。當你發現能陪自己面對，陪自己處理和解決，無論過程如何複雜而艱辛，都試著從這些經驗裡看見你的成長和培養的能力，像是真的陪自己如實長大，這時候你才能真正的從小孩子的位置離開，相信自己已是一個可以在這世上安身立命的獨立成人。

然後，在自我獨立的過程，包括能承接自己的情感，懂得與自己的情感對話、相處，也能從過程中學習安撫及照顧情緒，給予自己情感需要的安慰和支持。

你和父母還是可以有成人式的情感，彼此分享和交流，但也各自負責及安排自己的生活，聚在一起是真實在相處，珍惜共度的時光，而不再重複上演著父母指責小孩、嘮叨小孩，小孩不斷害怕出錯、害怕被怪罪、不斷討好的戲碼。

梳理自我的練習作業

閱讀完第二章之後，對你最有連結、有感的段落是什麼？是否讓你覺察自己習慣在關係中討好，是否觸及什麼樣的情感缺失，或是童年所帶來的陰影？

請寫下

從第二章的文章中，是否能夠覺知及辨識出自己內心承受過什麼樣的人際關係失落？是在原生家庭的環境中？求學階段？那些人際關係經驗，為何造成你無法重視自己及肯定自己的存在價值？你可以以生命故事的方式寫下來，或告訴你可以信任的對象。

請寫下

閱讀完本章之後，是否有覺察出自己的心理迷宮？關於自己的心理迷宮，也就是你設下的死局，哪些你有發覺？請寫下原本你個人邏輯設下的設定，試試破解看看，可以如何走出一條新的認知神經大道，找到你心理的出口？

● 例如原先的設定是：

我的出生是糟糕、多餘的，我造成別人的負擔，所以我要盡一切努力去補償，證明我有努力償還，沒有造成誰的問題和困擾。

● 重新編寫設定：

我的出生是一個值得愛護的生命，如同任何生命一樣，我的存在需要其他人的關懷和支持，如同我也會關懷和支持他人。我的生命有價值，我能學習、成長和樂於貢獻，但不是因為虧欠或內疚，我沒有欠任何人什麼。

現在靜下心來，試試寫下自己覺察的舊設定，並重新編寫新設定：

請寫下

Chapter 3

重建正向關係，創造彼此平等的心理地位

人與人的關係不是物品，
既無法衡量，也無法以物易物，
唯有彼此真心為對方著想，
才能共建一段健全的感情。

好的關係要一起幸福，不是一起下地獄

你向情感匱乏者討要情感，是怎麼也要不到的。他已拮据得難以供應他自己，又如何再拿出情感滋養你？

你若是真實地回看、檢視關係，就會發現過去曾經奮不顧身投入、在乎、重視，甚至一廂情願地付出，最後終將失衡，不會有好的結果。這並不是詛咒，而是邏輯，為什麼呢？因為當你奮不顧身地把自己投入在一段關係中，這種過度投入及過度付出，勢必早晚都會能量耗盡，不論身體或是心理能量，都會因為沒有補給而開始耗竭虛弱。

這時候你會開始不平、有些埋怨，因為人是講求平衡的生物，唯有身心平衡，人才能安穩健康，在單方面地付出勞力心力，卻還是沒有得到能讓你感覺平衡的反饋（依照你想要的物質或情感的反饋）時，你勢必會開始「討」。

付出要對等，才會有意義

你會從本來的事事討好，變成事事討補償，你可能會說：「之前我給過你什麼、幫了你什麼，現在我也想要你為我做點什麼、滿足我一些想要的」，於是這段關係開始風雲變色，你不是被人躲著不再相見，就是對你冷淡互動和回應，要不然直接被謾罵指責，說你原來給人幫助、為人付出都是有目的，原來你是一個這麼會計較的人，付出了還要掛在嘴上。

你吃驚訝異，不知道從何說起，你不懂為什麼只要在關係裡，自己注定只能是那一個單方面付出、不斷給予的人？而你的需要和狀態，甚至心裡的感受，關係中的對方總是沒有意願了解、沒有興趣聆聽？

如果這正是你現在的處境和遭遇，讓我們靜下來好好觀察及思考，為什麼在你的關係中，你好像都是那個「有情有義」的人，而別人都會是那個「無情無義」的人。

如果是這樣的情況，我們至少可以繼續思考下去，關於你的情感，是不是長期以來都被你濫用和浪費？

你可以試著回答這幾個問題：

◆你覺得自己的情感很豐沛？

◆你總滿懷情感想對別人好嗎？
◆你付出情感的對象，是情感匱乏的？還是對他人也能展現出情感？
◆你是出現在他孤立無援、孤單窘迫的時候？還是出現在他生活成功、平穩、健康的時候？

以上的問題，可以看出你是否用犧牲自己的方式，想照亮別人的人生？若情況是如此，你便是想燃燒自己照亮別人，無論是否意識到，你都可能特別去靠近那些讓你覺得需要被幫助和被人照顧的人，然後想盡一切力量幫助他，使他生活變好。

不是說助人的胸懷不好，也不是說我們生活中不要去幫助別人，問題不在要不要幫助人，而是你以助人為關係的開始，站在一個給予和付出的位置，後來卻想從被幫助的人身上得到回饋，這時就會開始出現問題。除非你們原本關係的建立，就能平等、互相支持和分享。

再多付出也填不滿的無底洞

我們在人際關係建立時，要留意自己的心理地位。若你在原本生活中，時常覺得自己心理地位卑微，也就是低自尊、低自我價值感，並不看好自己，也不是很尊重自己，那麼你會害怕在關係中被人嫌棄和質疑，所以你不太敢和你覺得地位卓越或能力很好的人建立關係，你害怕深受打擊及挫折，所以不自覺地會去找那些處境比你還不如的，比你問題還多的，覺得他們需要幫忙和關懷，然後不停地關心和給予，以此建立自己在關係中的價值和地位。

但卻忽略了其實你沒有那麼多資源和能量，可以一直保持在給予及付出的狀態。當你很投入在這段關係時，自然會覺得這段關係好像很重要，所以也會開始想彼此交流，想建立再深交一點的關係，不再只是想做那個給予的角色，不斷負責聆聽、安慰、支持、供應，你也想從關係中經驗到被關心和在乎，被聆聽和給予，就是在這時候，關係才會開始風雲變色的。

不是你或是別人有問題，而是這段關係一開始就是為了對方的需要而存在，對方本來就沒有想在這段關係中，成為付出者或給予者。這不是誰絕對可惡或誰絕對可憐，這基本上就是考驗人性的事情。

如果你在關係中，事實上沒有能力去建立平等相互支持的關係，就像前面說的，你會去找那些看起來需要你的人，抬高自己在關係中地位，以此獲得被需要或被尊敬的感覺。那麼當形成這一段關係時，其實已經無形寫下了一個腳本，你必須擔任照顧者，而對方只會擔任被照顧者。

而當有人在關係中，坐定了被照顧者和被服務者的位置時，實際上，他可能反而會覺得他在關係裡的地位是高的，因為他可以使用你、差遣你和指使你，根本不需要去在乎及重視你有什麼需求、付出的過程究竟要承受與面對什麼。

甚至，你可能從來沒有去觀察和留意你所付出的對象，是否是一個情感貧窮戶？根本情感匱乏，甚至到刻薄的地步，對人的付出是不可能有感的，更不用說會珍惜和回應。

拒絕在情感中當乞討者

刻薄，是情感匱乏的傾向，因為無法保有情感，不只是冷漠，還加上對人（包括自己）的嚴酷，因此表現出對人、對生命的不仁。如果你被刻薄以待，那麼遠離這個人，不要抱著幻想要用自己的行為得到他的肯定，他若有能力給出情感上的肯定和回應，你又豈需日夜努力，不斷期盼？

你向情感匱乏者討要情感，是怎麼也要不到的。他已拮据得難以供應他自己，又如何再拿出情感滋養你？

不要強要、強迫，那往往會演變成更大的怨懟和委屈。若是可以，從儲蓄對自己的情感開始，先學習對自己有情有愛，成為自己情感的不匱乏者，我們才不會只能跟身邊無情感能力者，拚命地索求情感、要求回應。

再來是，你需要好好地重新思考，你對這段進行中的關係究竟在乎什麼？這跟你對關係的價值觀和信念有關。如果你認為關係就是要平等、相互尊重和支持，相互鼓勵和付出，那麼就會讓自己去辨識雙方都有相當的能力，才會建立深交的關係，至少是能彼此一起成長。而不會總是一頭熱地靠向那些你以為需要你，又沒有能力和意願維繫好關係的人。

愛，禁不起被要求證明

在建立新的關係前，我還是會這麼建議，請先讓情感的儲蓄自立而富足，至少先確定自己夠用，若還是走入誤區，遇到了刻薄、無感的人，要先把情感保留多點給自己，再量力而為，而不是傾囊而出，把自己掏空。

千萬不要有那種心態：我要掏心掏肺給你看，證明我一片赤誠。如果有人需要你這麼做，基本上他本來就是懷疑你、不接受你的。即使掏出心肺，證明自己一片赤誠了，他還是可能無動於衷，繼續點出你沒有做到的地方。

這種在關係裡，我要向你證明我自己，或你要向我證明你自己，原本就屬於一種弔詭的心理遊戲，除了歹戲拖棚，鬧到不歡而散，根本來說，對關係的幸福和成長毫無助益。

當我們要建立正向的關係，我們都要清楚認知到，自己是要在關係裡幸福，不是要在關係裡受苦，再一起墜入無間地獄，當有清楚的認知意識，那麼你才會試著離開那些會把自己一切資源和能量用盡的人，減少接觸他的機會，就像你不會把自己放在一個受污染的環境，受環境侵蝕毀滅一樣。

刻薄是利箭，他必傷人也傷到自己，又怎麼可能真正懂得如何對人好呢？

但是你無法去影響或改變一個人的刻薄心態，只能好好辨識清楚，用真實互動作為依據，問清楚、想明白你是否又習慣地想從關係中獲取重要感和價值感？只要有這樣的一點起心動念，就不是建立在健康的關係基礎上，那麼關係的糾葛和拉扯，是早晚會發生的事。

見好就收的藝術

在建立正向關係的過程，除了需要調整心理迷宮那些非常固定的認知設定，也要慢慢練習調節自己的態度和互動的方式。過去我們習慣自然而然隨著自動化反應，呈現在原生家庭被塑造的模樣，直接對應外界的互動，幾乎到了完全不用思考，就立刻這麼做的地步。但這些所謂最直接、最自動的反應，才是我們常常陷入關係糾葛、混亂失序的主因。我們實在受太多過去家庭關係互動中曾經遭受過的傷痛影響，很難完全去除那些在我們大腦裡的記憶，和儲存下來的各種情緒反應。

因此，習慣討好、供應、代勞、頂替、應和，而當自己這麼做了，卻還無法覺察自己正在這麼做。

你要了解，當你習慣負向地在關係中互動，那就只會得到負向回饋。除非你開始學習什麼是正向互動，才有可能有正向發展的可能。然而負向關係互動太容易了，往往形成負向的反應並不費力，要學習正向的能力，則是很費力的。

在學習正向互動的第一步，從「**見好就收**」開始。

我們需要謹慎預防負向情緒能量的傳播及相互感染，所以需要練習「見好就收」，不要過度，忘了自己的體力和情緒勞動，有所限制。當你誤認為自己沒有限制，便是把自己當「物」看待、以機械的方式看待，然而你是生物、是生命，當你不在乎也不關懷自己時，就很容易會過度，徒留自己一身的疲倦和耗盡。

愛也需要面對斷捨離

死命要下地獄的人，你是攔不住的，不要想用自己的身軀去擋，那是擋不了的，只是會被推下去，一起下地獄而已。

當已經達到你的極限時，還是需要接受事實，並適時地放手，如果你尚且愛惜自己的生命，就需要為自己提供安全和保護。若以犧牲自己的方式挽救別人的人生，那就需要有覺悟，你成全的是自己的意志，而不是為了索求他人的虧欠。

「見好就收」是一門人際藝術，是在人際互動開始要轉變成負面之前，就能敏感覺察，知道停下來的智慧。要問問題，問兩個就好，主要是了解當事人怎麼想？打算怎麼做？之後就盡量留在聆聽就好。

若有什麼意見或建議，說一次就好。說一次後，觀察對方的反應及聆聽對方的想法，不用去說服，也不去爭辯，若你這麼做了，就只會變成在競爭，想證明自己是對的、厲害的，那麼關懷的心意就會變調。

你覺得該說的、提醒的，說一次就好，交還給別人思索和決定的權利。你不是他，不會真正知道對方的為難和煩惱是什麼，那是他需要歷程去面對和處理的。並不是你不停地說、用力地說，甚至到用逼迫的態度去強求，他就能了解當中的緣由。若不能了解，只是因為被壓力所迫，那就等於在你們的關係中，放下了一顆未爆的情緒地雷，假以時日對方一找到機會就會報復。那不是又進入到冤冤相報何時了的負向漩渦中了嗎？

給予和付出，不是為了區別強者和弱者

有時候不斷討好的一方，其實是較有能力者，除了會慣性被別人的弱勢綁架，要加上受自己長期運作的神經症罪惡感驅使，而陷入不斷拯救弱小者的處境。

幸福的關係，來自生命的正成長力，而且是兩人之間都能同等這樣的進行。雖說你不能決定關係中的對方是否具備這樣的能力，但你要先具有這種能力，才能和有相同能力的人互動和相處。

減少建立負面關係的機會，盡量不在內心脆弱情況下，無意識投射缺失的情感，轉移在未經過認識歷程的他人身上。那樣情況下所做的關係選擇，無論覺得他是高理想對象，還是可憐需要同情的對象，在我們內在自我成熟狀態和獨立能力都脆弱的情況下，勢必關係會出現大量因為投射所幻想出的假象，很難真正的認識及了解對方。

又因為是投射和情感轉移，我們會將早年在關係裡缺乏的情感轉嫁在對方身上，希望對方提供及滿足，卻又同時投射早年的生存對應姿態，把在原生家庭關係中所塑造的互動模式，自動化反應在對方身上，在交互作用下，不僅重複童年的情感創傷，同時不斷重演在原生家庭的卑微姿態和討好應對。

被拯救情結綁架的討好心態

這是相當辛苦的過程，自慚形穢，覺得自己在關係中，地位和權力都是虛弱的一方，勢必會咬緊牙關不斷討好、付出、殷勤服務，以避免被關係淘汰。

這個時候，你所被吸引的對象，不是自我中心者，就是自大自戀者，不然就是比你更弱勢更無助者，因為這就是你內心未癒合的原傷，自然而然會呼喚的對象。你瞧不起自己、輕看自己，就會被會濫用你、忽視你和依賴你的人吸引。

有些人在關係中明顯是依賴者，成熟和獨立能力也不足，不斷付出及討好的一方，其實是較有能力和握有資源者，這種關係的情況較複雜點，除了不停付出、討好的這一方慣性被別人的弱勢綁架，還要加上受自己長期運作的神經症罪惡感（道德焦慮引發）驅使，而陷入不斷拯救弱小者的處境，動彈不得，失去彈性和抉擇自由。

然而要形成這樣的動力，可能還需要付出和討好的一方，實質有想控制的欲望在當中，內在被自己的拯救者情結糾纏，總是希望這個世界在他的付出和救贖下，沒有痛苦的事情，沒有任何傷心和憂鬱的人。特別是他想要拯救的那個人，更要竭盡一切心力把對方的生活顧好，以防對方發生任何失序和不幸的事。

說到底，討好者把證明自己夠好，建構在可以拯救他人「變好」的任務上。

這種證明很弔詭，人其實可以好好證明自己夠好（有價值）就好，為什麼要把一個弱勢或生活失能的人變好、把他照顧好，才能證明自己夠好呢？為什麼要越界到他人的生命範圍，以自己的能力或力氣介入，企圖要改變對方的生命狀態和生活，才能代表自己夠好呢？

這種所謂的好意，即使立意再良善，只要是自己單方面的設定和驅使，其實還是屬於一種控制欲的展現。表面上，是不停地為對方付出，努力照顧、滿足對方，然而藉著控制別人、指導別人或安排別人的生活，讓別人因為這一份需求的依賴而離不開。

這種因為過度依賴而離不開，害怕失去對方，恐怕才是內藏拯救者情結的人，真正想要進行的控制。當關係沒有相似相等的獨立性和成熟度時，關係的失衡與過度承擔，必然會發生。

關係是一種鏡像反射

另外，在關係裡常見的另一個現象，是我們表現的行為，往往是我們曾經被對待的方式，以及我們希望別人對待我們的方式。

例如：你以擔憂的方式去關心別人的生活，努力給意見、想方設法，甚至幫別人出面解決，這可能來自你過去被關心的方式，別人總會以擔憂的方式對你的生活表達意見，告訴你該這樣做或那樣做，甚至直接幫你解決。

在早年生命，你非常熟悉這種在關係裡互動方式，然後進一步希望後來的人際關係也有人可以為你這麼做，把你的事當成他的事一樣，一手包辦，面面俱到，那會是你很習慣、也希望被關心的方式。

然後，你就這樣的為別人付出，把別人的事當成自己的事，什麼都要摻入自己的意見和觀點，要別人這樣做、那樣做，甚至乾脆幫別人挺身而出，主導別人的問題該怎麼解決。

你從來沒問過自己為什麼要這樣做，也沒想過為什麼總是習慣性以擔憂作為關心方式。甚至擔憂過了頭，就乾脆自己做了算了。

但是，關係的意義不是這樣的，不是為了區別強者和弱者，不是要幫別人扛起問題，才能證明自己在關係裡很盡心盡力。

為了證明自己很重視對方，就出手對別人的事下指導棋，終有一天，會落得吃力不討好，讓人厭煩和排斥的境地。

因為你的主觀介入，並未真正的尊重對方的生命主權，也未真正了解對方真正想要的關心和幫助究竟是指什麼？你只是照著自己內心所渴望的模型，就投放在對方身上，要對方接受。當對方不接受和反對時，這就是你受傷的時候了。

所以，不要再迴避這樣的事實，你把自己置放在盡心盡力的處境，再強迫他人接受，引起他人的反彈時，再感覺自己的好心被人辜負、好心沒好報……

在關係裡，若我們不想落入這樣的負面發展，那麼，請先尊重你的時間和心力。任何的付出都是需要體力或情緒的勞動，你若漠視自己的付出，看輕自己的付出，不懂適可而止的智慧，就會走到竭盡心力，卻還是被埋怨和怨懟的結局。

設定付出的停損點

你能先相信自己的付出寶貴，也值得珍重愛惜，那麼你就會為自己選擇要付出的對象、可以付出的時間，還有停止付出的時候。

你要練習，你可以付出，也可以不付出，並且可以選擇要付出什麼，否則你只會剩下強迫自己非付出不可的選項，那是對你自己最大的傷害。

你可以付出，也可以不付出，這樣的你才有主權。尊重自己有所選擇，才能避免覺得自己在沒得選擇下付出，被強迫去做之後，在別人的不在乎中，感到強烈的委屈和憤怒。

很多人並不明白：擔憂，不是關懷，雖然我們很習慣這種方式。

若我們細細分辨，就會發現本質裡的差異：

◆關懷，是發自內心真誠的重視一個人，想要傳達一份溫暖的情意；擔憂是害怕發生什麼不好的事，深怕別人把人生搞砸了、弄壞了。

◆關懷，來自相信人的價值及成長性；擔憂，來自對價值和成長性的否定。

◆關懷，是回到人際關係的平等互動；擔憂，是出於優越位置上的評論。

◆一個接受過關懷的人，才懂關懷的內涵；一個只被擔憂過的人，也只會對自己和別人擔憂。

◆關懷，相信人的潛能和學習力；擔憂，是抑制和否定人學習和領悟能力。

◆關懷，提出了開放體驗的空間；擔憂，壓縮了嘗試體驗的空間。

◆是接受到關懷，還是接受到擔憂，對人的成長性和滋養性影響的程度是不同方向的。

◆關懷，要出於尊重；討好，失去對彼此的尊重，並不是關懷。

重視別人前，先學習尊重自己

給予或付出任何協助及關懷，要建立在彼此都舒適的基礎上。你若勉強自己，非要自己在關係中表現關切，總是一個人努力地埋頭去做、努力地提供，當你過度承擔和疲勞時，就會開始委屈、不滿。不舒服的情緒就會像連環炮，不斷在你的內在自爆。

建立正向關係，要把慣性的「**討好**」轉換為「**尊重**」。尊重是建立在個體主體性的維護，而討好常是漠視自己、放大別人。

當一個人覺得受尊重，就會產生好感覺。而你對一個人能展現出尊重，是因為你已經懂何謂尊重，才能真正的表達尊重。

尊重別人，來自對自己也尊重，不會把自己放在低位，用卑微的方式小心翼翼地害怕別人的反應，那就會變成討好。

尊重來自你充分的認識及了解每個人都有存在的價值，也有他可以存在的位置和空間，就像天空下每個人都享有這世界的資源和環境的滋養。

雖然每個人擁有的特長天賦不同，生長的環境和背景也不同，但身為人，面對如何成長自我，及如何自我實現夢想和願望的挑戰，都是無法迴避的課題。

當彼此關係淪為競爭

在關係裡，也要盡量不以強弱、好壞或是輸贏在看待彼此。討好的人確實很容易進入這樣的判斷過程，正因如此，時常把別人視為強者、權威者，自己則視為弱者，然後把自己卑微化，再將別人看作敵人或是掠奪者，不自覺就要以投降討饒的姿態，順應對方。

若是不願意用討好的方式降服、順應的人，就會反抗為強烈的抗議者、抵抗者。但不論是討好或抵抗，都已進入強弱、好壞及輸贏的二元對立中，以競爭的方式活在關係裡。

當人活在競爭和防衛裡，就必然會爭權奪利，以掌握權力方式去壓制別人。

成人之後，關係不是用來競爭的，而是以選擇和尊重的方式，找到有志一同的人，不論是生活或是親密的夥伴，可以合作、共享、共同成長，在相互支持及幫助中，體會接受愛與關懷的過程，也付出自己的愛與關懷。

這些都不是來自強迫和要求，如果要自己非這麼做不可，那麼就失去正向關係的意義了。

與人友善是選項而不是責任

任何行動只要出於強迫，都必然失去原來良善的本意。既然是友善的行為和態度，那就要透過個體的意願去抉擇，為自己思考和判斷。

社會文化長期以來都用一種「你若好心，就會為別人解決問題，把別人的事當自己的事」的訊息作為美德教育，意指你要關心別人、關心家庭、關心社會，否則你就是一個自私自利、壞心無情的人。

這是很有趣的社會塑造，表面上在教育人應該「要關心」別人，但實則卻是缺乏「自我負責」的相對教育，所以社會只強調要在別人需要上看到自己的責任，卻沒說別人要如何在自己的問題上，看見他自己的責任。

無退場機制的好心

若是家長以這種說法作為家庭教育，那大概都隱含著你要無條件為他們付出，把他們的需求當作你的責任的企圖。

結果這樣的塑造，造了許多控制和指使的行為出現在關係中，把人際關係弄到雞飛狗跳亂成一團。

為了證明自己有把幫助別人的事當成自己的事一樣的忙碌，不斷擔憂和關心，甚至直接幫人家做決定，不論是他人的生涯還是人生、要發展的興趣或計畫，無不用自己的主觀去判斷和決定，再來說：「我要是不在乎你，會為你做這麼多？」

反而讓真正的事主無能為力，只能順從或配合，失去了學習與面對自己的生命鍛鍊。而一直出手的「好心人」為了證明自己的「好心」，只好一直承擔及背負下去，怎麼也不能喊停和撤手。

這種討好，竭盡所能的付出和承擔，不是美德呀！只要失去彼此的尊重和個體性，只會慢慢地走向關係的耗損和兩敗俱傷。

真正的美德是，你關心他人和社會，卻不因自己的關心而亂了分寸，用自己的主觀去指揮別人的人生該怎麼辦。

美德有個「美」字，既然是美德，那會是雙方都從中感受到正向的情感能量，接收到具有尊重的一份關懷，同時包含懂得信任生命的主體成長性和潛能。培養自己的品德，不用強迫來進行，才能是真正的美事。更不能再用「本來就應該」禁錮自己也強迫別人必須如何。只要牽扯到「強迫」，當中必然有關係的控制和支配，特別是當人處於不對等的關係裡，就有更多的被強迫會發生。

設立界限，避免自己過度消耗

社會中常見這種強迫性行為在關係中，先以批評和否定對方行為做立場，以擔憂和關心做理由，然後幫人操之過急，拚命用自己認為快及對的方式，要求及命令別人應該如何進行，而那明明那是別人的生命、生活的事情。

可能有人會跳起來說：「那家人和親人怎麼辦？要見死不救嗎？要放給他爛嗎？要置之不理嗎？」

那麼，這就是一種個體分化不清，界限混淆、課題錯亂的觀念了。你究竟用了多久「不能見死不救」來框架及逼迫自己？難道你沒有感受到這句話中，充滿了無奈和疲累，甚至有委屈和憤怒嗎？

而即使無奈而疲累，究竟是什麼讓你不能好好感受自己的情緒和身心狀態，知道自己扛不住了，需要喊停、需要放手，也需要休息？更需要回頭整理和關照自己在關係裡究竟在承受什麼？

難道一個人為另一個人的問題扛到垮了、倒了，對方的生命就會回心轉意、積極改變？就會得救，成為你想看見的樣子？或對方的生命就能因此一勞永逸，從此不再出現任何問題和麻煩？

其實你不過只是在撐、在扛、消耗自己，並不是真的在解決或處理情況，使之變好。

你需要好好深思，用自己的命去扛別人的人生，這本身就是一個無底洞的情況，為什麼呢？

因為當一個人會利用別人來救援自己的命、防止自己爛掉、讓自己生存，那麼，他就不是一個會誠實面對自己問題來自救的人，不會因為你拚命救援、拚命滿足和給予，就醒悟過來，進而明白他需要學習自己扛起自己生命責任的道理。

甚至他還會以受害的位置，責怪他人和環境都不照著他的心意來滿足他、照顧他，才會讓他人生如此不順利、不如意。

如果你陷在「不能見死不救」的自我道德綁架中，而沒有先辨識這個局面是怎麼造成的？對方對於自己的逆境和局面，是否同樣的努力面對和克服？是否也一樣積極進行著自我挽救和愛護？就無法理性的思考，撥散眼前因為焦慮而引起的一大面迷霧。

適時放手，有時是唯一解方

停止再告訴自己「在別人的需求上看見自己的責任」，而是去辨識你所要付出和救援的對象，他是否也同樣質量為他自己的人生及問題負起面對的責任。

任何人，都有他需要面對成長所需要的付出的努力和鍛鍊。我們的付出和給予，值得為那些一樣為生命奮鬥和承擔責任的人。

即使我們是一位專業者或照顧方面的工作者，有任務和目標在身，但那也不意謂我沒有自己的生活、沒有權利擁有自己的幸福和喜樂。

在照顧和付出心力的過程，我們仍要明白，我們是協助或輔佐，無法介入和控制別人的生活和他所選擇的方式，這是我們無法插手的。當你想動手動腳的干涉，或做你認為的挽救時，你真正要面對的是內心的焦慮：

◆是否有你不想看見的局面？
◆是否有你害怕承受的後果？
◆是否有無法放過自己，覺得自己沒有竭盡一切讓他人人生不再出現問題？
◆是否很想讓對方不再充滿指責和埋怨？

你需要真實承認，才可能看見自己的限制，不會再放大自己的能耐，也不會再把自己感受和需求放一邊。

你會清楚知道，無論怎麼協助或提供幫忙，還是有一定的範圍，最終生命的主人，還是必須面對他究竟要如何選擇自己的人生、如何詮釋自己的人生。

即使你再不明白、不理解、不認同，都無法把別人的生命背負在自己身上，要顧及自己也需要生存，也有許多要面對的生命課題。你替代不了別人的課業，也沒有人可以承擔你的課業。

如果，課題無法辨識出來，胡亂地推來推去，那最終所有人的生命課題都做不好，我們只好一起淪陷在你怪罪我、我埋怨他、他抱怨你……等等的不滿、委屈和受害的情緒裡，集體一起沉淪，直到被無意識的情緒漩渦淹沒。

所以，負責好自己，也讓別人負責好他自己，是我們需要建立的觀念。

當你可以理解課題的責任各有歸屬的意涵，就能了解，你所負責的界限到哪裡就夠了。

別人的選擇裡，有他需要去面對的真相和後續的效應，這是你沒有權利，也沒有能力去決定的。

讓善良成為選擇，而不是束縛

如果你在付出的時候，常被忽略或是惡言惡語，卻執意不離開，也抗拒獨立去建立你想要的生活，不論你是合理化對方本質不壞，還是內化認命順從的觀念，又或是自覺條件不好無法重新振作，重新出發，你需要發現這當中的思維和觀念，正是綑綁你生命自由、消耗你生命的能量的牢籠。

假設你無法自覺如何受到觀念挾制，又如何缺乏自信和自我啟發性，而未能開始為自己習得知識及開展處理方法，也沒有動機練習增進自我功能的訓練，那麼你忽略鍛鍊這些能力，別人也是無法幫忙你的。

也不可能有誰能一鼓作氣地拚命把學習過的知識和經驗灌輸給你，以最簡易的方式打通你的任督二脈，讓你直接武功蓋世。

所有面對人生的功夫，都要由自己練習、摸索、累積。至於練習或不練習，那就是每個人面對自己生命的選擇和意願，勉強不來。

無論如何，做一個友善的人，這是一個選項，而不是強迫。用強迫得來的友善，也會變質的，任何行動只要出於強迫，都必然失去原來良善的本意。

既然是友善的行為和態度，那就要透過個體的意願去抉擇，為自己思考和判斷。當你發現友善是你的選項，你是自由的，也還可以有不同的選擇，甚至可以多思考一下自己的立場和動機，你會更能為自己的選擇負責。這才是你真正要展現責任感的地方，而不是拚命為別人的需要負責任。

釐清你對別人好的出發點

在我們慣性想為別人解決問題、滿足別人的需求，和漠視自己的需求……等等慣性行為還無法終止，轉換成新的一套處理過程及策略之前，你最需要練習的，是該如何敏銳地發現，自己究竟如何在別人的狀態或呈現的問題裡，觸發自動化的討好反應？

藉著你一再重複面對的那些人際情況，問清楚自己是什麼樣的起心動念，讓你總是奮不顧身的想投入，為別人的問題擔憂掛慮，這兩個問題是：

1. 你是真的想付出、想給予，還是來自「應該要」的道德要求？
2. 你是真的想為別人處理和承擔，還是覺得不這麼做，心中湧起的罪惡感和內疚會更加難受，乾脆把別人的問題趕快解決，就可以不用承受內心焦慮的痛苦？

為了想要給別人一個好印象，讓別人覺得我們很nice，是個好相處及友善的人，就不假思索應允別人的請求，甚至要求，基本上就是一件危險的事，這表示你一開始的原則和界限就在鬆散的狀態下，準備被得寸進尺。

漸漸地，好像滿足那些請求、達成那些要求，變成我們「應該做到」的責任，而非是我們所表現出的友善或關懷。

當你發現自己的友善和關懷，變成了一種不得不，有種被綁住的感覺，動彈不得，失去了自己的自主和自由時，這表示你可能被自己或被對方的強迫框住，產生了一種執著，以為非要這樣不可，否則就會讓對方失望及受傷。結果是自己過程中越來越失去主體性，不斷承受要求和期待的壓力，同時讓人家對你失去了尊重。

所以，當給予出友善或關懷的態度之前，請先花時間看看自己、整理自己。

友善和關懷都很珍貴，但沒有界限的關懷、失去主體性的友善，都將使你的資源和能量混亂，不停被支配和消耗，最後剩下的，只會是「吃力不討好」。

先仔細思考，而非照單全收

先思考清楚自己的立場，對目前生活的處境要有所覺知、評估，這樣才能保持清晰的思考，知道自己友善和關懷的限制要設在哪裡。

千萬別不設限，用無所謂或漠視的方式對待自己，那將會使你全面地失去自我。越無意識的討好，越會反彈受傷的委屈，一味掛慮別人的苦，也是一種忽略自己感受，且漠視自己的行為。

對方的需求或請求，需要先停下來聆聽、思考、辨識和選擇，才不會自動化地又想要讓別人舒服和滿意，把自身需求和狀態放在你的考慮之外。

討好者很容易給自己許多混淆的價值觀，以含糊不清的說法要自己給予順應和服從，像是：「如果我不照做，他會很生氣」、「如果不答應他的要求，我擔心他會很傷心」、「我是不想去做，但我又覺得自己不做，好像是我的錯」。

這類混淆「我」、「你」、「他」，把選擇和決定訴諸於別人、歸咎於他人反應，那等於自願放棄自己的自主權，交由別人以他的情緒和各種說法來操縱我們。

在關懷和付出的過程，請注意比例拿捏，不要喧賓奪主，把別人的事當成自己的事。無論如何每一個人都要對自己的需求和問題，付出最大比例的責任承擔。

例如，一個成人有花錢的需求，想買自己渴求的東西，卻不願意花時間和體力去工作，卻到處去跟別人要錢、拿錢，再威脅或操縱別人滿足他的需求，明顯的是這一個人不想為自己的需求負起責任，只想利用他人供應及侵占他人資源，甚至詭詐地利用別人的情感，以讓人恐懼及內疚的方式，因此不能拒絕他。

往往這樣還能行得通的人，生活的需求總是有人供給，甚至不停地順應讓這樣的人予取於求，這不正是用討好來維繫感情、化解自己內疚感的人所供應的嗎？

當你可以開始實施比例原則，便可以確認真正該負責的人是誰？也會確認這是否完全是你的責任，你能付出的部分，要保持不會超過對方的努力和投入。

練習做責任劃分表，以百分比來看，一個人的需求或問題的發生，請至少分析出3～5個形成的相關因素。而對方的態度和方式也是其中一個關鍵，這樣分析下來，你就能真實看到你真正能夠負責的部分，其實只占10％～20％的程度，甚至更低。

不要有那種幫人幫到底的想法，或以為單靠自己能扛起別人所有的需求和問題，這算是一種誇大自己和漠視別人能力的呈現。

你能夠合理的理性分析，才可能合理的付出，終結被情緒綁架或操控的後遺症，莫名地再陷入不理性的內疚和自我要求中。

在關係中停止做反應，練習做回應

你若習慣說：「這是我的習慣」，那麼現在你可以嘗試換成：「這是我的選擇」。因為「選擇」比「習慣」有意識多了，你需要思考、感受、體會，才可能會有當下的選擇。

許多人會說：「但我就習慣去為別人付出，幫人家擔憂啊！那怎麼辦？」你既然說了這是你的「習慣」，那就需要明白，既然稱作習慣，換句話說，這是你同意的，也是你遵照自己的自動化模式去執行反應。

意思是，你沒有打算提高自我覺察，試著一步步、一次次，從無意識中去發現自己「正在」做什麼，只是習慣性地、無意識地反應過去被塑造及被制約的行為，那麼，其實問別人「那我習慣了，怎麼辦？」也是無益處的。

既然稱作你的習慣，就是你在主掌自己的情緒和想法，以你認為最直接、最自然的方式表現自己，那不是因為被誰控制、又被誰指揮，你就是意識的領導者，如果不知道自己在領導什麼，又不知道怎麼管理自己，那麼，又有誰能越界，侵入你的內在去左右和操縱你呢？

不正是因為你想要這麼做，那些行為才會被你歸類為「習慣」嗎？

而我們人生常常失衡和混亂的，不正是因為那些順理成章、自然而然的「習慣」嗎？

我無法影響、也無法改變你的習慣，任何人都無法讓一個人改變習慣，除非這個人自己改變。

你需要了解你是自己的主人，只能由你去決策要怎麼處理那些「習慣」。

卸下潛在意識的討好行為

如果你有心卸下吃力不討好的討好習慣，重新回歸到真實自我的狀態，保持與自我的連結，為自己的所思所想和行為做充分的辨識和選擇，那你需要「**練習做回應，而不是做反應**」。

在開始練習做回應前，需要先打破很多慣有反應，透過詢問自己、探索自己，試著和你潛意識的情緒感受溝通，了解究竟那些深植在內心的偏見是什麼。

請盤點一下那些習慣成自然的「討好行為」，以下若你有這個習慣，請打勾，並重新思考這些無意識的習慣怎麼產生的？是誰影響你？是你想要獲得什麼？還是這樣的習慣會讓你感覺到什麼？

□我習慣不在乎自己，為什麼：

□我習慣去討好別人，為什麼：

□我習慣幫別人的忙，為什麼：

□我習慣答應別人要求，為什麼：

□我習慣不去照顧自己，為什麼：

□我習慣去為別人擔憂，為什麼：

□我習慣有情緒就要壓抑，為什麼：

□我習慣拒絕別人後內疚，為什麼：

□我習慣自責、批判自己，為什麼：

□我習慣不滿意及厭惡自己，為什麼：

□我習慣挑剔自己的錯誤，為什麼：

□我習慣直接反應而沒有思考，為什麼：

□其它習慣，為什麼：

□其它習慣，為什麼：

你若習慣說：「這是我的習慣」，那麼現在你可以把這句話，嘗試換成：「這是我的選擇」。因為「選擇」比「習慣」有意識多了，你需要思考、感受、體會，才可能會有當下的選擇。

若是，時常說：「我習慣了……」，那換言之，你想活在習慣裡，而不是活在「自我覺察」裡。那麼，任何的行為及反應，我們都可以推給「習慣」，似乎就不需要去把那些反應想清楚、說明白了。

試試看，不再用「我習慣」來做反應，而是在做出行為之前，想想自己的選擇，尤其是在關係中，為自己保有更多可以思考和選擇的空間，做出自己真心實意、願意負責的選擇。

如何進行非暴力語言溝通

為了能夠讓自己充分思考和具有選擇權，你需要突破不安全感，別再重複慣性以討好行為去獲取安全感。

你可想過，你的存在是真的不安全，還是對不安全感太熟悉，甚至對「安全」的感覺太陌生？

特別是，當你對別人的情緒過度抗拒和恐懼時，你就會感到威脅，而呈現順從的反應。

你無法安頓內在激發的恐懼，反而受自己的恐懼綁架，非你要自己配合不可。如果這是你現在的情況，你就得要重新面對自己對「情緒」的反應。

意思是，你目前對「情緒」是自動化地產生排斥和恐懼的。任何的情緒，無論是自己或別人，是生氣或難過，是挫折或糾結，只要是情緒，你都因此覺得困擾。

為了避免從和別人的互動過程經驗到任何不舒服、有負擔的情緒，你會用大量的配合和順從來回應別人，這是你迴避別人情緒的方式，也是你的防衛策略，直接關上任何需要溝通和對話的機會。

這種關閉對話和溝通的反應，是為了迴避接觸別人的情緒，而不是建立界限，事實上別人無法從這個過程更了解你，或是你的立場和原則，甚至你內心是怎麼想、怎麼感受的，反而是有許多不解的莫名其妙，讓彼此關係之間引發更多衝突和混亂的情況。

越以為親密，情緒越容易衝動失控

因為太害怕經驗別人任何的情緒反應（包括任何的表情），不管三七二十一什麼都答應、什麼都接受，也不傾向覺察及意識清楚自己的想法和選擇。

為了避免經驗那些可能出現的情緒壓力，什麼都「好」、「是」、「都可以」，好似互動過程風平浪靜，其實是極度的壓抑自我，久而久之，關係呈現更多的空洞和疏離，這種固定模式，尤其常見於子女對應父母、下屬對應主管，或是伴侶之間。

在關係中，特別是親密關係，不可能都不碰觸到情緒，情緒和感受正是重要關係裡會流動的一部分元素。若以抗拒阻隔情緒所帶來的感受或影響，來確保內心能平靜安全，表面上是一個方法，但其實這是漸漸走向封閉自我、疏離別人的處境。

所以在關係中，我們不是要迴避情緒感受，而是讓情緒感受的交流或是接觸，成為有意義的互動過程，不是任由情緒波及和造成彼此關係的傷害。

越親近的關係，在互動過程中，情緒感受到的交流越不會只有好的方面，更多時候因為是親近和覺得是可信任的關係，壞情緒的釋放和發洩反而多了許多。

畢竟在社交環境，有社會化的成人都了解情緒屬於私領域範圍，盡量不要影響別人，造成環境不必要的困擾和破壞。

所以，忍了一天或好幾天的壞情緒，很容易發洩和釋放在親近的人身上。

我們總覺得親近的人關係不會隨便中斷和崩壞，即使情緒發洩了，對方也還是會留在關係裡互動、相處，尤其是具有相互依賴性的關係，因為關係有承諾在，就容易不顧一切的發洩和釋放自己的壞情緒。

練習給予正面回應，非暴力語言的四步驟練習法

當然，我們都知道，也正因為這樣的關係結構（親近、信任、承諾），使得有人真的會在關係裡失去了自我控制和自我負責，完全不顧對方的感受和體驗就在關係裡任意的發洩情緒，讓自己的情緒成為關係的風暴或海嘯，也使關係中的彼此都傷痕累累。

對於情緒的認識、掌控和調節，這些都很需要每個人學習及練習，若是把情緒控制及情緒調節的責任全都推給別人，透過控制別人來符合自己的期待，才能讓自己的情緒穩定下來的話，那就會走向情緒威脅和關係勒索的處境。

所以，我們只能先讓自己學習認識情緒、理解情緒，和發展同理情緒的能力。透過練習有能力「回應情緒」，不再陷入自動化地反應，又被自己的恐懼和焦慮綑

綁，動彈不得，然後又走向同樣的一條路：討好。

「練習做回應，而不是做反應」的要領上，你可以先安撫及同理自己的情緒，以讓自己的恐懼和焦慮，因為得到你的關注和回應，先能稍微下降強度。

之後，你可以參考非暴力語言溝通的四步驟來練習。

非暴力語言溝通練習四步驟

第一步 **表達觀察**。

盡量做客觀事實，或現象的敘述，不做任何評價、判斷和分析。例如：看到了什麼、聽到了什麼、感受到什麼……等。

第二步 **表達感受**。

連結自己內心的感受，也試試體會對方內心的感受。在感受上，主要是對彼此內心的歷程和體會到的感覺，做出表達，請記得不用評價或抱怨的方式陳述。例如：「我最近比較少和你說到話，心裡覺得有些孤單。但我想你在繁忙中，內心會有許多疲累和混亂。」

第三步　表達需要。

進一步了解自己和對方感受裡的「需要」（情緒背後都有需求）。像是：「我知道疲累的時候，真的會需要一個人放空、靜一靜，但我有時候也需要感受陪伴，可以感受到我們關係的靠近。」

第四步　表達請求。

這裡可以練習提出一些邀請，請以可以商量的方式提出請求，而不是命令或是強迫。在提出請求的過程中，即是在協商和溝通，也是雙方朝向達成共識的重要歷程。

所謂的「回應」，是能放下既定評價、解讀和判斷，終止不安全感而啟動的攻擊和競爭策略。

我們僅僅需要去貼近，去體會人的感受、需求，並學習表達出自己以及練習回應對方。

當我們真正重視關係，就會了解學習溝通、試著溝通，都是為了讓關係更有愛與理解，這才是關係的意義，而不是製造階層和權力控制。

和自己建立好關係，才會懂如何與別人共處

我們其實只是重複在和自己相遇，不論是認同他人身上「喜歡或期待的自己」，還是痛惡別人身上「我不喜歡的自己」，終究都只是在投射和反映自己，和別人真正的關聯並不大。

人要先有「我」，才可能真的做到捨「我」。

如果你的自我發展是空洞的、缺少成就、發展和培育，那麼你說要捨「我」，那個「我」究竟是什麼？

從小到大，我們大多數人活在不被允許有「我」的狀態，把「自我」當成是「自私」，以致個體的自我發展支離破碎，人格難以統整，情感和思想難以自我認同。在支離破碎、空虛匱乏之中，拚命掏出自己也不斷承受他人的要求，這種很像「捨我」的殉道者，內心實質是空虛無助的孤兒，從未得到過愛和情感滿足。

若我們了解，自己所給出的部分，都來自曾經體會過、接受過的情感累積而成，那麼，你需要先體會過愛與善待，先經驗過尊重和情感支持，才可能在關係中，實在地給出你擁有的內涵，也如實地連結外界的正向情感。

不然，你給出的往往不是關係裡重要的情感，也感受不到情感，而是拚命做事和服務，像孩子時期一樣，其實想和父母情感連結，感受愛與擁抱，卻在父母充滿要求和命令聲，不斷以做事和執行命令來應對父母，希望父母可以給予肯定和重視，看見我們在關係裡是這麼努力、這麼聽話、這麼乖，那麼地在乎他們。

但後來，無論我們再怎麼努力做事、符合要求，卻還是一直未從父母的表達中，得到內心最需要的情感連結和肯定，還是能夠感受到自己內心的巨大空洞和寂寞。

逃不開的自我議題

自小未能真實連結情感，感受到情感的撫慰和親密，也就難體會自己的存在可以安心、放心。於是，空虛和失落成為家常便飯、孤單和寂寞成了最深刻的人生滋味。

當一個人還未能茁壯、成熟之前，就先不停地經驗落空、缺乏，長期的情感和親密匱乏之下，就像個體長年在飢餓中，成了營養不良的身心發展障礙者。

成長一旦受到阻礙，不能依照我們的內建設定，往成長的自我實現發展，我們對自己的感受會很糟，且感到挫敗，感受越糟，想法就會越扭曲。

而這些扭曲並非事實，是你對自己在極端否定和厭惡下，所形成的惡意判斷，批判、羞辱、貶抑和指責。

生命的成長過程，要能真實接納自己真的很難，我們總是將那個自己厭惡與不接受的自己投射在別人身上；再加以討伐及消滅。

有些人，為了鞏固自以為的良善完美，就大力地攻擊及痛惡別人身上的「惡質」；有些人則是不停強化扭曲自己生命的存在價值，把別人美化，再不留情地把自己醜化。

然而，我們其實只是重複在和自己相遇，不論是認同他人身上「有我喜歡或期待的自己」，還是痛惡別人身上「有我不喜歡的自己」，終究都只是在投射和反映自己，和別人真正的關聯並不大。

你可曾想過，究竟要怎麼做、怎麼開始，你才能重新和自己建立好關係？不用和自己的分裂和衝突，不斷地演變成和周圍他人的分歧和對立？

和他人不斷較勁的戰爭

人從小就借鏡別人在回看自己，拚命審查和評價自己。若沒有別人這一面鏡子，根本無法看見自己究竟是什麼？總要依照別人在爭取什麼、重視什麼、建構什麼，再反看回來：

那我有嗎？我能嗎？我能也一樣獲得嗎？

即使焦慮地要自己奮發向上，但還是追逐著他人的身影、社會設定的各種條件和資格，以為要證明自己的存在夠優秀、夠好，那些他人身上被稱讚稱許的成就表現自己都具有，一件也不少，才能證明自己入流。

結果一頭栽進去跟著搶啊、爭啊、奪啊，在競爭中把每個人都視為可怕的敵人，也把身邊的人想成不斷和自己比較的人，深怕被他們輕視和瞧不起。

我們把內心世界紛亂的戰場，投射於外在世界，不斷製造一個又一個的戰場。不好戰者、懼戰者，想要和諧與和平者，只好一直逃一直躲。

他內心世界仍是戰場，看見的外在世界也同樣是戰場，只是他以為只要採取一直迴避、不正面應對的方式，總還是可以在戰事中僥倖活命。

活在戰爭世界的人，怎麼還有氣力去重新和自己建立關係，和自己言歸於好呢？他單單應付和小心慎防敵人就夠他忙碌的，所有的能量力氣都在應對他可怕的世界，沒有愛、寧靜、安全、信任、幸福，沒有真正的安好和平。

我自己的人生經歷將近半百的歷練，和所有人一樣，也必須在家庭、團體、職場和社群中，去面對及體驗各種人際關係的侵擾和控制，也不乏要經歷許多詭詐混淆的人際關係動力干擾和破壞。

更多時候，具有侵略性和暴力性的人，總會出現在環境裡，以強大野蠻之姿，兇狠無理的方式批判和指責、攻擊和散播敵意，雖然不一定都和我有關，但看見聽見，也一樣觸目驚心，感受到人性的暴力兇殘，竟可以展現得毫無自知和缺乏自制的狀態。

當忍氣吞聲已成為習慣

如果我們忽略了人性的這些面貌，也忽略很多人在童年和成長過程受傷，受到強烈傷害未能獲得療傷修復，必然對世界、對別人充滿敵意和恨意，這將成為他的暴戾之氣，不斷地加害在他所遇到的對象身上。

當我們又有自己的討好原傷和情感缺乏議題時，就容易以為是自己很糟糕、不好、可恥，才會引起他人惡意的對待和攻擊，這真是對自己最大的誤解。

你需要了解，我們當然不會是完美，也不可能會沒有過失和犯錯，在許多事物不明就裡的情況下，當下的行為及反應可能都不適切、無益處，但我們可以學習，也可以接受教育，當然還可以重新思考和進一步了解事情原委，從經驗到獲得寶貴歷練，進而成長、成熟。

然而，這都不表示你需要被羞辱、謾罵，被人身攻擊，再對你行使支配和控制，要你妥協忍讓，才表示你很受教、很謙虛。

但畢竟我們從小到大的歷程，受權威霸凌和權威綁架，長期被剝奪自我，失去自我尊重和賦權的概念，以為只要有人認定我有錯、不好，就可以任意的羞辱和糟蹋我們，把別人想要行使暴力和展現權力的行為合理化。

不論在家庭環境、學校環境、醫療環境或是機關部門環境，處處皆是這樣的思維和文化。

很多人覺得不對勁，也覺得自己遭遇到太多惡意和攻擊，身心嚴重受傷受創，卻還是不斷地問：「我能反抗嗎？我能離開嗎？我這樣是不是太不能忍耐？我這樣是不是抗壓力太小？」

這要多久的環境塑造和思考混亂，才能讓人把虐待和暴力傷害如此合理化，要自己忍氣吞聲接受一切的人身攻擊？

一切都還是要回歸到一個本質的問題，你認為生命可貴嗎？你認為自己的生命、他人的生命可貴嗎？你認為的生命是什麼呢？人與人的關係最重要的連結是什麼呢？

你的付出廉價嗎？取決於你的心態

我喜歡人本治療大師卡爾・羅傑斯（Carl Ransom Rogers）描述的一個美好生活：「一個美好生活，我深信，是不適合膽小鬼的。這牽涉了拉伸與成長去發揮一個人更多的潛能。這牽涉了『去成為』的勇氣。代表了把一個人完全的投入在生命的洪流之中。」

人生不是為了活在是非對錯的框架和評斷中，總害怕犯錯和深怕觸犯教條，變得畫地自限、裹足不前，而是去體驗盡自己生命的本質和潛能，發揮、發展自己畢生的能量和能力，看看自己能「如何成為自己」。

當我們無法和自己建立正向及無條件接納的關係，基本上抱有的心態就是將自己視為負面、弱小、無助和不具有任何能力，甚至有意無意看低、不信任自己，和自己的關係幾乎像是走在鋼索上，隨時會墜落，沒有任何維護和保障。

若是帶著這種過度看低和不尊重自己生命價值的心態和人互動，想想會發生什麼事？

還沒有到別人呈現出任何的負面行為和否定你之前，你會先否定自己，以負面的角度看待自己的表現，即使已經很努力和盡力，也是嫌棄和厭惡自己。

接著像滾雪球一樣，越滾越大的負面效應，你越看輕自己的存在價值，越竭盡所能的付出和努力，深怕自己沒有做到做好的內疚感，讓你拚命地渴望在關係中想要得到重視和肯定，好撫慰長期的焦慮不安和自我厭惡。

沒有節制的付出，就像是到處發免費的衛生紙一樣，等於在告訴別人：我的付出沒有價值，我可以大把大把的給你，這沒什麼，你可以隨意拿。

而拿取的人，也就順勢覺得不要白不要，反正你肯定也覺得這沒什麼，而且還是你自願給的，他願意拿也算是給你一個機會。

世上唯有情感不能以物易物

你輕看自己的生命，以及生命所賦予的資源，包括心力、勞力、體力、時間、精神、空間，還有曾經投入學習而獲得的專業知識和技術……這一切你都輕看，像是免費到沒人想要的衛生紙，讓人忘了當中成本，和過程所花費的心血。

這種討好到隨處贈予，求人給你一個機會，反倒讓人狐疑：若是高品質，還會到處贈送人，讓人隨意使用嗎？

這是人性的反應，即使身在福中，只要福來得很容易，也是不珍惜，以為唾手可得。

除非人體會到當中的得來不易，知道一切的獲得不是理所當然，要付出相對的努力和成本，他才會明瞭受人幫助或付出，是多麼珍貴的，當有人伸出一隻手，那手的力量和溫度，會讓人充滿激動和觸動。

不要再把人生想要獲得的愛與重視，透過去給和付出去交換。願意付出和給予是很美好的事，但若是一手在給予，另一手等著回拿價值感的肯定，期望獲得關係的情感回饋，那麼很大的機率，你會感到失落和失望。

因為你滿滿的期待是很難透過別人的回饋和感謝填滿的，那不是填幾次就可以填滿的問題，那是你長期的價值感和愛缺失所形成的巨大空洞。

你何時正視自己，不再冷眼看待自己，重新建立對自己的關懷和正向態度，願意照顧好自己，你的空洞才有可能真正感受到充實。

人生不要零碎散亂的方法，是能依照自己的核心信仰或價值觀，為自己的人生定錨，讓人生不失去航道的方向。而非建構在別人對我們的評價和態度上。

對我而言，人生最重要的三件事：**敬天**、**愛自己**、**尊重別人**。

這是我行事作風和態度的準則，不強迫自己，也不需終日提心吊膽害怕犯錯。是讓自己趨向這個人生準則，同時了解每次的狀況或情勢，都有當下真實的遭遇，和各種複雜的因素所構成，給自己彈性和多元的選擇，積極面對每次的難題挑戰，把自己生命的本質和潛能再進化，看見可以成長和蛻變的自己，這是我和自己的正向關係。

生命守則：善待自我

你總是花了大部分的心力，關注著他人，也以生命的大部分時間，為著他人的需要，給出、付出。

你不僅要求自己，要能把他人的問題及需要，一一照顧好、一一地解決和處理，同時也要求自己，不能給予別人負擔，不要造成別人麻煩。

所以，你對待自己，總是以忍耐和壓抑，要自己盡快振作，忍一忍就風平浪靜，從來不靜下來，安靜地聽自己說話。

學習與自己相處

只要一傾聽內心的聲音，就是一堆苛責與數落，一堆質疑和勸誡，以致於你無法安安靜靜地與自己的心同在，也無法只是感受和自己在一起時的寧靜，所以你內心其實充滿暴力。

請試著不再以苛責、質疑、逼迫和數落的方式，負面地對自己，而是靜靜感受自己，無論那是辛酸，還是哀傷，或是疲憊，即使是空洞麻木的感覺，也只是靜靜地與這些感覺，同在。

沒有評價，沒有好壞判斷，沒有拚命想著如何解決問題，沒有急著叫自己轉移注意力，離開自己身上。

就是，靜靜地，學習，與這些時刻的自己，相處。試著帶著安全感，相信這樣的自己，只是想要有一個空間，接納著、承接著，存在著……直到寧靜來到內心，為心，帶來了溫柔。

你內心有友善和仁慈了，在關係中才能真的流動友善和溫柔，而不需再用自我要求和自我強迫在關係裡，為難彼此。

練習過濾惡意的聲音

很多人都誤解，覺得若自己要是一個「謙虛」、「包容」的人，無論別人提出什麼看法、評價和論點，自己都要虛心受教、接受指導，才能表示自己是一個「溫良恭儉讓」有修為之人。

因為這樣的念頭，使我們完全不設界限，沒有任何過濾及篩選機制。

大家都知道空氣要過濾髒污空氣、水源要過濾不良雜質、環境要淨化清理，包括飲食也不能吃進會壞肚子的食物，為何我們對他人的對待方式和評論，卻要照單全收、虛心領受，否則就表示我們是一個自大自滿之人？

這種觀念的塑造十分混淆，基本上似是而非，意指只要有人要批評、論斷你，那就代表你有錯。

如果有人喊著說你有罪，你也要立刻覺得有罪惡感，真的成了罪惡之人，卻從來沒有分辨和思考，對方說的話邏輯合理嗎？對方說的價值觀就是世界唯一正確標準嗎？如果他狹隘和偏執，具有控制欲和自我中心，我們也要完全的要求自己符合和順應嗎？

你若同意這樣的對應姿態，長期下來，理性會處於無法思辨的狀況，也無從了解人性裡有各種意圖和詭詐的動機，再來是你無法建立自己內在的防護網，知道保護自己就像是保護家園，不能任由他人想怎麼樣就怎麼樣。

若是你真心對自己友善，知道要善待和關心自己，希望能活得健康、活得幸福，而真正地善待和關心自己，需要能了解什麼是對自己有益的選擇。

無論是作息安排、生活方式、認知情感模式，還有所建立的人際關係型態，都需要為自己的適不適合、是不是真的有益處做出選擇。

長期忽視自己，習慣委屈及犧牲自己，以不在乎自己的方式強迫自己忍耐，這些反應都將造成許多對自己的危害。

既然遭受到危害了，你在關係中的狀態，又如何能建立和經營情感健康的正向關係呢？

現在，請試著擬定你的自我善待守則：

（例如：我不會在自我狀態不OK時，勉強自己回覆和答應他人的請求，直到我身心都回到平穩健康狀態。）

請寫下

當你擬定下來之後，請試著成為你善待自我的信念，也是你善待生命的準則，透過生活的大小經驗，去體察這些準則要如何實踐和落實，並且累積屬於自己的善待心得。

相信自己，你的好不需來自討好

若沒有先接納和信任自己，無法對自己的存在認同並感到安穩的話，我們終究會在關係中，不斷從他人的言行舉止裡，看見一個沒有被尊重和重視的「我」。

慣於用討好的方式在關係裡的人，鮮少了解關係真正的意義，除了不要讓人生氣、不要讓人不開心，盡量順應別人的想法和需要，除此之外，就不知道要如何和別人建立良好且平等互惠的關係。

由於正向關係經驗少之又少，大部分的認知觀點都停滯在過去被要求必須討別人喜歡、為別人付出的制約和教條訓斥裡。如此被塑造及制約下，真正能去了解關係的本質和內涵，並深入探討關係的意義和價值的思維開展空間，就會受到限制，只能不停地在自我要求和理想化期待中，反覆落空、失望。關係，是很難的人生課題，雖然明明我們一出生之後，就和周圍的家人產生關係，但那樣的關係是已經被決定好的，你的家族是哪些人、父母是誰、親人是誰、生活在哪個地區、周遭的環境如何，以及你會被如何教養和對待，都是影響你如何成長。所以，有心理學家認為：「你是誰＝先天基因＋後天環境」。至少到你二十二歲，還沒真正踏入自己的生涯前，都會在環境中透過模仿和互動，學習到應該如何在你的家庭中生存，才不會引發過大的威脅和危險。

但是，到了成年期後，我們並不會自然就學會和家人之外的人要如何建立關係、互動，才不會讓個體界限混淆——造成社會人際關係的困擾和挫折，並且能創造有意義的正向關係。對我們來說，自動複製及移轉家庭關係的人際互動經驗，非常自然。怎麼講話、用什麼口氣、回哪些話、做哪些動作和表情、如何解讀別人的話……都像是本能一樣的自然。

然而，人際關係的互動和建立是非常複雜的事。這是由兩個或多個完全不同的獨立個體形成的關係動力和模式，當中每個個體的自我成長程度、成熟度、健康度、情感力和思考力，以及所有經歷過的塑造和制約是那麼不同，會在關係中投射什麼樣的心理陰影，和轉移什麼情感關係經驗就不得而知，何況有非常多人對自己和別人的心理運作模式幾乎是一無所知，毫無自覺，可說是心盲程度。

難以避免的原傷發酵

在如此複雜的運作及呈現下，人與人的關係之間、自我與他我之間，就會出現許多詭異和混亂的情境，拉扯出捉摸不清的關係動力現象。

你可以回想和感受看看，過去許多的人際關係，之所以會產生分歧和衝突，也有越來越多敵對和退縮狀況，是否多少有以下的情形發生：

- 在關係中，因為覺得自己不被接納，開始不接納對方。
- 因為覺得不被喜歡，也開始不喜歡對方。
- 因為覺得不被認同，也開始不認同對方。
- 因為覺得被討厭和排斥，也開始排斥和厭惡對方。

究竟從誰開始引發這一場對立不得而知，但只要個體界限模糊混亂，我們就會因此陷入到攻擊和報復的防衛中，遲遲無法終結這一場混戰。

這顯示我們對人際關係是多麼地感到不安全，多麼害怕不被認同和接納的感覺，也多麼害怕別人眼中、口中呈現出來的唾棄和不屑，造成自尊的創傷。這是集體壓抑在內心深處的原傷，總是不可抑制地想對付讓我們覺得難以自處的人。

若沒有先接納和信任自己，無法對自己的存在認同並感到安穩的話，我們終究會在關係中，不斷從他人的言行舉止裡，看見一個沒有被尊重和重視的「我」，也會再一次無意識觸發那些內心深處的情緒地雷，把它們引爆，炸掉自己也沒關係。

對討好的人來說，從小在原生家庭就建構出來的生存方式，無論是親人間具有敵意，還是生活中總要面對各種紛爭，像是公婆和媳婦的紛爭、父母的紛爭、手足的紛爭，為了避免選邊站，造成和某方關係的破壞，於是自己就像是和事佬或是和平使者一樣，想要保持和各方的和諧關係。

建立平等關係，從提高自尊開始

當個體極度害怕衝突和敵意，不想陷入戰爭，他的恐懼與害怕都會讓他極力找到解決的辦法，而討好（舉起和平的旗幟）就成了立即反應的應對方式。你要知道，就算想要和平，還是可以不卑不亢地進行協商和提議，為自己的和平做好交涉者的角色，而不需壓低自己的姿態，以自我貶抑的方式進行。

如何能不壓低自己的姿態，習慣當個弱小者呢？那你不能再習慣性把自己弱化，將自己當作戰敗者，隨時都要討饒、討好。要賦予自己基本的尊嚴，所謂的基本尊嚴，不需要證明自己夠偉大、地位夠高、權力夠大，而是生為人、生為生命，我們都能有基本存在的尊嚴和價值，不被任意地剝削和虐待。任何生命皆是如此，平等的共享大自然的資源和滋養。

當然，對於動植物而言，牠們不會有蓄意的敵意，除了生存所需之外，牠們不會惡意地利用和侵犯別的生物。但人類會，人類的人性有貪婪和驕傲，也有自私和殘暴，所以對付同類、對付生命，在人類的歷史中屢見不鮮。人類會打造拘禁和殘殺的集中營，發生過集體種族大滅殺，更有以聖潔和上帝之名，企圖消滅被認定為罪人、不淨之人的宗教屠殺。

人性確實有惡，但人性仍有善和仁慈，只是人會選擇哪一邊，會餵養自己的哪一隻內心的狼（印地安黑狼與白狼的寓言隱喻），端看人如何喚醒內在覺醒的力量。是提升還是沉淪，總在一念之間。

在你一生的際遇，所遇到的人群關係，究竟在讓你體會什麼？是往你內心更篤定的成長方向走，還是往你內心更無望、無助、厭世的黑暗墜落？

你不可能逃避得了群體，個體和群體仍然是一體兩面的關係。個體的存在也共同創建群體的存在。唯有個體願意覺察，喚醒內心的清明，不再陷入被制約和被操控的無意識循環，不斷膠著在根本是虛空的人際心理遊戲當中，才能真正對自我負責，帶著意識活出自己選擇的人生，不再陷落在怪罪和受害、自責和怨懟的無盡輪迴，苦而解脫。

練習成為自己最信賴的夥伴

在錯誤的關係對待中，解救你自己，這是每個人的自我才能辦到的。

對一個從未想理解你的人費力解釋自己，是最吃力不討好的事之一。

一個人有同理心的話，即使你說的語句不多，他也能試著感受你、體會你；若一個人無法理解他自身以外的人，就算別人說再多情境、表達再多想法，他也是無法連上線，有同樣頻率交流，更不用說去建立真實互動、相互尊重的關係。

不如讓對方思考他認為的、反應他的感受，讓他自問自答，完成他的認為，讓他留在他的主觀世界，你也能保留元氣在你想要的寬廣世界，認識更多的人、接觸更多不同的心靈，了解這世界更多不同事物，讓你的世界多元和充滿學習。

真心過好你的生活，不對頻率的人，以最基本的尊重態度即可。要開創屬於自己更寬廣的世界，才不會受困和受限。

把自我的認同和自我存在價值，歸咎在我們有沒有得到別人的喜歡和滿意，勢必會讓我們內心七上八下，常淪陷在別人的惡意批評和不穩定的情緒裡。

如果，你又只依賴某段關係裡的一個人，只認定這個某人的評價和反應對你是最重要的，那就有更大的機率讓他控制、支配及利用你。除他以外，你就再也聽不見其他人的觀點和看法，也無法從更多不同人的身上得到回饋，一旦這個人偏頗了，夾帶許多成見和歧視，那不僅會禁錮你的心靈，還讓你活在水深火熱裡，受盡折磨。

請練習從習慣依賴別人的評價和觀點中走出來，練習依靠自己，建立自己獨立的觀點和思考能力，也練習開闊視野，願意認識和接觸這寬廣的世界。因為不安全感而迴避世界，反而緊抓著某一個人來鞏固自己的安全感，這樣做本身就是最危險的事，等於把自己交給另一個人，任由這個人對待和左右。

我們這一生若能真正的信靠自己，和自己成為完整信任的關係，不需要再把自己交給另一個人照顧，把照顧好自己當成另一個人才能辦到的事，我們才可能成為一個有力量的人，在關係裡才能保有安穩的自我，陪伴自己去真實經驗關係裡的體驗，無論情況如何，都能帶自己進退、行動得力。

直面黑暗，拒絕自我欺騙

肯定自己的生命，如同所有活著的生物一樣，都有可以存在的位置，在無形之中，我們相互依靠也相互需要。即使再微小，如微菌一般，也都有它的存在價值。

動物們認識世界，學習在生存中和世界相互滋養，世界提供能源，萬物讓世界生生不息。只有人類的小我世界，競爭、殘害、利誘、控制，不僅要獲取世界的資源，還想貪婪地占為己有。這就是人類。

然而，我們不迴避及掩飾人性的黑暗面，是為了更突顯出光亮和仁慈的面貌。我們認出黑暗、承認黑暗存在，是為了能面對黑暗，同時保有自己內心的光亮。

我時常在課堂上分享，什麼樣的人可以不怕黑暗？絕對不是否認黑暗存在的人，而是接受黑暗的存在，同時有能力保有光的人，能不怕黑暗。

一直否認、逃避、甚至掩飾黑暗的人，反而會被無界限的黑暗吞沒；若能坦然承認黑暗的存在、清楚黑暗的面貌和展現，才能停止再給予黑暗力量，不再讓黑暗恣意而為、蔓延吞噬。

在關係裡討好，就是讓黑暗蔓延增生，擴展沒有界限的控制和詭騙，不僅讓自己活在謊言中，也讓關係虛幻不實，絕對不是建立正向關係的好方式。你所認為的討好，只會讓你失去更多，並不會獲得真正渴望的。這樣的認定，本身就是一種詐騙，是自己騙了自己。

建立正向的好關係，就要從這種自我欺騙中清醒，真正地重視和連結自己的感覺，分辨出幸福和不幸福感受的差異。你的感受如果保持功能，向來都能提供你絕佳提醒、警覺和線索，讓你知道究竟一段關係是否是平等、平衡和正向關懷。

坦然接納自己的每種面貌

當你要開始建立正向關係，那麼請這樣告訴自己：「我值得尊重，如同我也尊重別人」、「我有基本尊嚴和價值，如同我也肯定他人基本尊嚴和價值」。

當你可以踏實地自我建設，不膨脹、不貶低，不上上下下懷疑自己，原原本本展現自己存在的樣貌，便可以進一步和外在世界的他人接觸，無論對方的反應和呈現什麼態度，請試著脫勾，不要自動化地和自己牽扯一起，覺得都是因你而起。

離開這種自我中心的方式，讓別人的呈現和反應是他的樣貌，是他呈現自己的方式，與你無關。你不需要再陷入他的呈現和反應，以此來評價和論斷自己。不管他要展現他的特質、地位、階層或是權力，那終究是他自己內心的局、是他心理的投射，也是他生命的養成。

維持好你的自尊，讓自己好好思考、說話說話、好好地表達出自己。你在關係裡的目的已不像過去，只是為了逃生而必須討好，如今的你要進行的是讓彼此更清楚地認識對方，不要存有太多不切實際的期待和幻想，能真實地在關係裡評估關係可進行到的親密程度、安全程度、可信任程度，真誠去衡量這一段關係和自己適切的距離是什麼，可以互動和維繫好關係的方式是什麼。

我們可以對關係保有誠意和真誠，但不是好欺騙和好操縱，本質上這兩者的應對是很不同的，誠意和真誠是保有我們非暴力的友善態度，但我們具有核心價值思想也有自己的立場和主張。在關係裡好欺騙和好操縱，基本上就沒打算好好了解關係，任由對方怎麼說、怎麼做，自己放棄思考、放棄感受，只想依從。

你若安穩地接納自己，就不需在關係裡扭曲自己。成為全世界第一個肯定自己價值的人，才有機會展現你的價值，讓這世界看見。

所以，你真正要做的，是在這世界上如實地讓自己存在，成為這世界精彩的一部分。讓你的存在，正向影響其他人生命的存在，生命和生命的正向關懷和支持，自然會帶動這世界的正向發展。這是我們短短的一生，能對這世界給出最有意義的貢獻，讓世界更具有成長性、活力、關懷和愛。

梳理自我的練習作業

閱讀本章之後，在過程中，你是否整理出過去常在人際關係中自動討好的方式有哪些？進行討好行為的內在動機，是希望關係能呈現什麼狀態嗎？還是想控制關係往你期待的方向發展？

試著面對你自動化的討好行為，那可能來自內心對關係產生的哪些不安全感？如果你在關係中有內在需求，例如被接納、被重視，或是被尊重和被理解，除了用討好的行為外，你覺得還可以怎麼做？有哪些表達方法可以在關係中進行？

在每種討好行為中，你可以用四格問題，進行自我思考和研擬方針：

我的討好行為：＿＿＿＿＿＿＿＿

（例如：不自覺努力為別人服務、使命必達）

你的內在動機是什麼， 為什麼想這麼做？	你希望看見關係中別人有什麼反應？
你希望在關係中能得到別人怎麼對待？	思考看看，除了這麼做，還能選擇什麼不同方法，讓關係往正向、平衡地發展建立？ 方法 A. 方法 B. 方法 C. 方法 D.

結語

卸下討好面具，慢慢接納自己真實的樣子

你當然可以做一個善良的人，也可以做一個熱心、好於助人的人，但要成為一個有力量的善良者和熱血者，本身需要穩定的高自尊，內心有對自己能力的相信和認同，他知道他所做的事，是維持對自我的認同和肯定，而不是為了要得到誰的肯定和稱許。

這樣的行善者，是有力量也堅定的，是不會落入討好的處境。

有此可知，當你在行善、做想做的好事時，起心動念很重要，最根本的釐清點就是：你是為誰而做？為什麼而做？

真正的善良是有良知的勇氣。知道不可為的事情，即使眾人在做，也不做那樣的行為，不因為害怕被孤立或隔離，就昧著良知進行。這樣失去良知的勇氣，做出媚俗或討好順應的行為，不能說是善良。

討好不是善良，即使有求和及避免衝突的意圖，但主要還是在進行防衛性的自我保護，以卑微、隱忍和順應來求取你可以安生在環境裡，不致遭受危難。

別把討好和善良混為一談，要真的辨識你是真的以良善做人做事，還是根本是失去自我立場和良知，只是想以順應來迴避不想面對的衝突，和該自我承擔的責任。

不是我們不能迴避或躲藏，想逃避危險和迴避某些情境的壓力，也是人之常情，是自然有的生物反應，只是這兩者並不同，不能以混淆不清的認知來合理化，將討好的迴避策略，視為自己的善良表現。

你可以善良，然而善良是建立在自我的價值觀和良知上，反而更清楚知道自己的可為和不可為，能為自己的所言所行好好思考起心動念，並了解自己做出的行為不一定都能得到眾人的認同與接受，卻還是能為自己負起責任，這當中的良善力量才是真正的強大。所以善良，還是需要搭配界限，才能做出合宜的抉擇。

雖然「界限」已經是社會上正在建立的觀念，也越來越多人意識到界限對人際健康的重要，當「界限」和「華人社會文化」碰撞出許多火花，發生許多擦槍走火的事，一不注意就弄到兩敗俱傷，然而，不透過實際練習去執行建立有尊重主體的界限，就無法修正和調整自己在關係中該如何表達、如何對話、如何回應、如何自在，也無法真正的通透如何在互動中創造最佳的人際關係品質。

只要有覺察、練習、修正、改良，及熟能生巧，為自己發展新而健康的人際關係一定能越練越熟，又能掌握恰到好處的關係互動能力。

不論如何，解鈴仍要繫鈴人親自來解，不再陷入吃力不討好的人生若是你想要的，那麼就需痛定思痛檢視造成吃力不討好的確切原因和情況，盡量做到知己知彼，解開彼此關係的糾纏，破解早年情感失落及創傷，所塑造的討好模式。

在關係中，我們都要試著弄清楚，究竟自己繫上什麼鈴，又無意識讓人掛上什麼鈴？只要你開始主動拿下來，或是嘗試去拆解，我們都能踏上真實、健康、成長性關係的道路，漸漸發現自己能建立好「關係」，同時擁有個體完整而自在的身心靈。

人本治療學派創始人卡爾．羅傑斯在他七十五歲那年說：「長久以來，我一直擅於去關懷別人、照顧別人，反倒是容易忽略自己的需求。所幸這幾年來，我已進步很多了。」大師即使到了七十五歲，仍是真誠地在面對自己、覺察自己，我們何時開始覺察、開始調整都不遲。

即使我們是善良的，樂於關懷人的，也別在不需要我們的所在，拚命用力。在別人的需要上，量力而為，有節制的付出，才能長長久久，不過度掏空，徒留一身的遍體鱗傷，傷痛難癒，也不解何以自己最終只剩一場空。

我看過太多人在關係中受傷受苦，在關係裡卑躬屈膝，深怕不夠討好就遭人遺棄，正因為這樣的懼怕，提前做了許多遺棄自己的決定，只為了讓別人因為還要利用他、需求他而留下他。這樣的留在關係裡，其實也是拖，拖到哪一天那人覺得不需要了、沒東西可利用了，毫不留情地離去，撇下早在關係裡過度消耗、只剩一身虛弱的他。這樣的生命，太令人感到唏噓和惆悵。

讓我們試著在關係裡健康，不論是我們促進關係健康，還是透過關係讓情感健康，這都是關係存在的最重要意義。若關係能讓我們經驗到愛的感受和連結的親密感，那真是很美好的人生體驗，但即使事與願違，可遇不可求，也不強求強迫，反而把關係弄傷了，造成彼此的情感創傷。

最後，分享我大半生的歷練，濃縮和咀嚼了很多人生體會後，寫下的自我建設和自我認同詩，與你分享：

你喜歡我，很謝謝你；
你不喜歡我，也OK，
無論你喜歡不喜歡我，
都不會影響我現在做的事，
以及我成為的樣子。

喜歡我的，是因為我所做的事，
以及我呈現的樣子；
不喜歡我的，也是因為我做的事，

以及我呈現的樣子。
所以，我真正重要的是繼續做我在做的事，
也繼續地呈現我成為的我，
因為不論喜歡我的和不喜歡我的人，
都還是會在這世界存在。
即使來來去去，春去秋來，
但什麼反應的人依然都存在。

既然如此，
就沒有必要為誰成為他所期待的樣子，
根本沒有這樣的必要。
無論喜歡和不喜歡我，
只會是別人生命裡的小點綴、小色彩，

並不永久也不重要，
唯一重要的是，
我是否往我的方向繼續前進，
完成我想要體驗和實現的生活。

我不強求你的喜歡，
也不掛慮你的不喜歡。
因為我深知對你而言，
我並不重要。

我樂意當別人不重要的人，
因為我懂得善待自己的人生，
就不需要一定要當誰的重要之人，

渴求別人的看重和在乎，
容許也同意別人可以不需要我，
當他有更需要重視的人事物。

願我們在相安無事裡，
相遇有時，分離有時，
最終我們都因此更認識真實的自己，
接納了完整的自己。

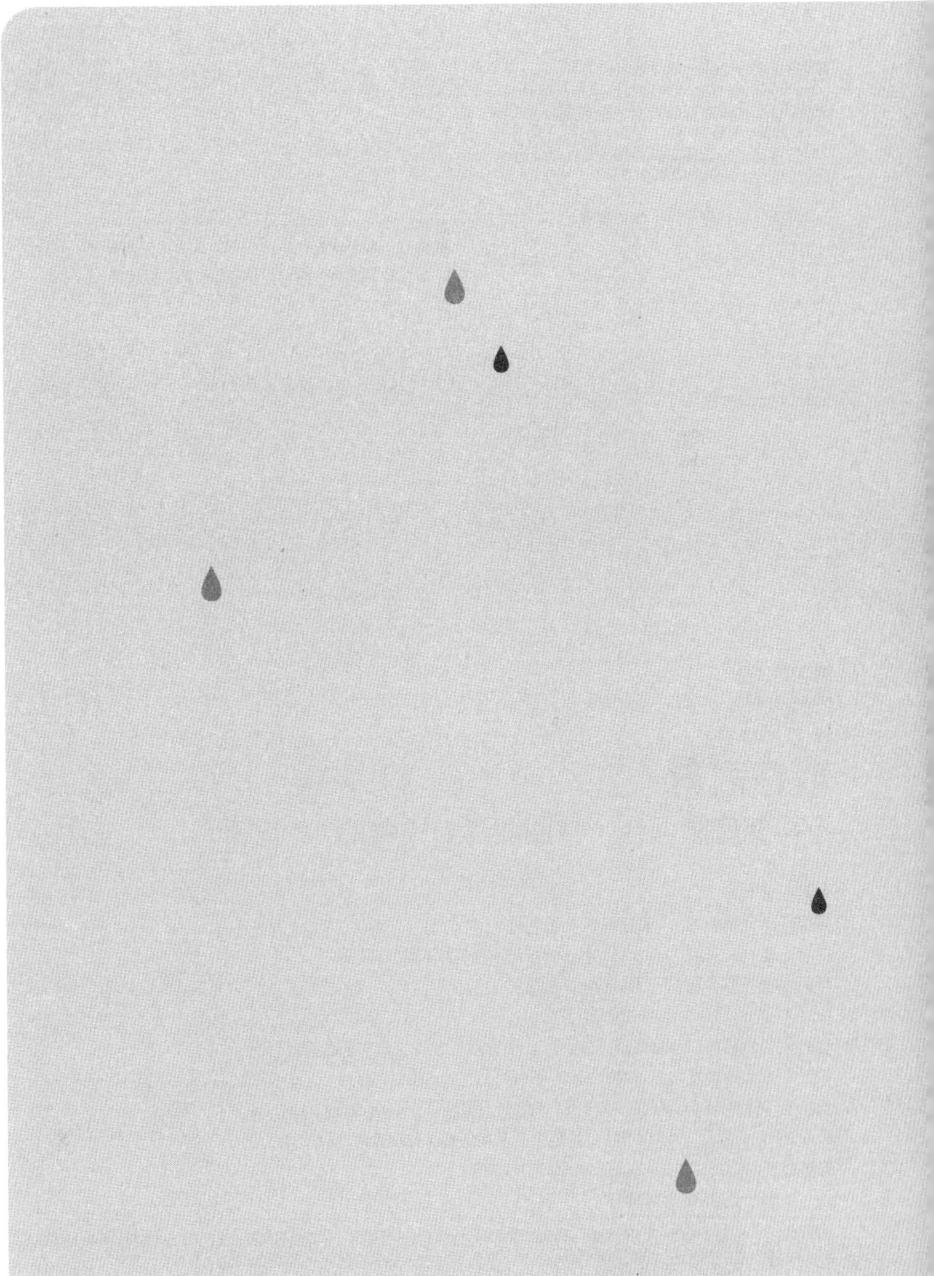

國家圖書館出版品預行編目資料

慣性討好:不再無底限迎合，找回關係自主權的18堂課/ 蘇絢慧著. -- 臺北市 : 三采文化, 2021.12 面 ; 公分. -- (Mind Map ; 231)
ISBN 978-957-658-700-9(平裝)

1.自我肯定 2.人際關係 3.生活指導

177.2 110018540

suncolor 三采文化集團

Mind Map 231

慣性討好

不再無底限迎合，找回關係自主權的 18 堂課

作者｜蘇絢慧
副總編輯｜鄭微宣 責任編輯｜藍勻廷
美術主編｜藍秀婷 封面設計｜池婉珊 內頁排版｜魏子琪
行銷經理｜張育珊 行銷企劃｜呂秝萱

發行人｜張輝明 總編輯｜曾雅青 發行所｜三采文化股份有限公司
地址｜台北市內湖區瑞光路513巷33號8樓
傳訊｜TEL:8797-1234 FAX:8797-1688 網址｜www.suncolor.com.tw
郵政劃撥｜帳號：14319060 戶名：三采文化股份有限公司
初版發行｜2021年12月30日 定價｜NT$380
4刷｜2022年 5 月10日